子育て・孫育ての忘れ物

～必要なのは「さじ加減」です～

三浦清一郎 著

日本地域社会研究所

コミュニティ・ブックス

まえがき――さじかげんの核心

さじかげんとは、「体験させる」、「教える」、「練習させる」の「加減」です。草花と同じように子どもにも色々な成長の要素が必要です。土も、水も、空気も、日の光も、肥料も、耕すことも、枝葉の剪定も不可欠です。どれが多過ぎても、どれが少な過ぎても、咲くべき花が咲かないのです。

子育ては多くの育児書の通りにはいきません。最後は保護者の「さじ加減」です。常に子どもの側にいるのは保護者ですから……。助言の多すぎる育児書は無視してください。大事な事はそれほど多くはありません。また、特定の要素だけを取り出して、他を軽視するような助言は捨てて下さい。偏りの大きい助言は危険です。

草花と同じように子どもにも色々な成長の要素が必要ですが、基本はごく少数です。本書も育児書ですが、大事なのは２つだけです。一つは表題通りの成長要素の「さじ加減」、もう一つは教育の３原則です。教育の３原則とは、「やったことのないことはできない」、「教わらなければ分からない」、「練習しなければ上手にはならない」の３つです。それゆえ、子どもにとって大事だと思うことは、「体験させる」、「教える」、「練習させる」の３つです。その時、褒めたり、叱ったり、励ましたり、抱きしめたり、応援の「さじ加減」が大切です。さじ加減とは、「バランス」です。

昔からの言い伝えも同じですから、参考にして下さい。例えば、「可愛くば、５つ教えて、３つ褒め、２つ叱って良き人と為せ」です。褒めることも叱ることも大事ですが、ちょっと多めに褒める方がうまくいくという経験知です。

「文武両道」もバランスです。

「よく遊び、よく学ぶ」もバランスです。

「可愛い子には旅をさせよ」も同じです。可愛がっている子どもにも、「旅」

に代表されるような自律と試練の機会を与えなさい、というさじ加減です。「子どもが遊ぶ坂道の小石まで拾うな」は、安全対策のさじ加減論です。大きな石はもちろん拾うのです。大怪我や大事故は一生を台無しにしますからね。しかし、小石まで拾ってはならないという教えです。子どもは、つまづいたり、擦りむいたりしながら、身の回りの危険を察知するようになるのです。誰の人生にも、失敗や危険のない人生などありません。だから、小さな失敗や危険を通して、大きな危険の回避方法を学んでいくのです。

「若い時の苦労は買ってでもさせよ」も同じことです。「苦労知らず」はいつか世間の辛さに潰されるのです。医者が「新型うつ病」などと名付けた心の病いは、「好きなことしかやらせなかった」が故に、「好きなことしかできなくなった」弱い子どもの現実逃避です。

世間も、人生も、人間の思うようにはならないのです。それゆえ、好きなことを見つけることも、好きでないことをがまんさせることも、さじ加減です。少年期の苦労や失敗や挫折は人生の「予防注射」になります。

何ごとも「加減」が大事なのです。「加減」は、教育者で異なり、学習者で異なり、教育内容で異なり、教育方法で異なり、人生の時期でも異なります。だから、保護者は、いつも加減を考えていなければならないのです。しかし、あまり神経質にならないで!!　愛してさえいれば、多少間違えても大丈夫です。最後には、子どもは自分を愛した人のところへ戻ります。子育て論も、最後は子どもへの愛に尽きるのです。

目次

1

「貧乏」という先生がいない時代の「しつけ」の困難

戦前世代の「生きる力」は、「貧乏(欠乏)」という先生のお陰です。貧乏の時代に生きたことが、人々に勤勉も、共同も、助け合いも、がまんも教えたのです。これらの能力がなければ、貧困や欠乏を突破することはできなかったからです。われわれの世代と今の若い親の世代、ましてや子ども達の世代の決定的な違いは、教育論や教育実践ではありません。彼らが「豊かな日本」に生きているという一点です。

戦後の日本は復興に成功しました。結果的に、貧乏という先生が時代の表舞台から退場しました。豊かな日本が実現したあとは、親や学校がよほど意識して努力しない限り、「がまん」も「助け合い」も「勤労」も教えることはできません。今や、豊かな時代の副作用は明らかになりました。肥満児が増え、へなへなが増え、その上自己中まで増えました。英才教育の子どもたちが目立つようになりましたが、彼らの多くは、身体能力や芸能の分野で際立った少年たちです。彼らの英才教育に、どれほど道徳教育が同時進行しているか、時代の寵児たちの不祥事のニュースを聞くたびに「さじ加減」の間違いを心配しています。

豊かな日本を背景として、芸術やスポーツの英才教育で特別の訓練を受けたものは、個別分野の技能・能力に秀でるでしょうが、各分野のリーダーとして立つ以上は、道徳上のトレーニングが極めて重要になります。特定分野の技術だけが高くなる一方、規範が身に付かず、義務を弁えず、己の欲求をコントロールできなければ、様々な社会問題を起こすことは目に見えています。メディアを賑わす麻薬や賭博や暴力やしごきなどの問題はその一角に過ぎません。

筆者が疎開していた時代には食うものがありませんでした。親は自分達が食うものを私たち兄弟に食わせていました。子ども心にそれが分かれば、もっと欲しいとは言えませんでした。毎日朝から晩まで、両親はそろって働き、母は身体を壊し、父が再出発の準備をできた頃には病床にあり、小生の3年生の時に世を去りました。父が後妻をもらうまでの間、どのくらいの期間であったか、店をやる父を助けて、10歳の私は多くの家事を引き受けました。教えれば子どもでも家事はできるのです。家の窮乏が筆者に家事と勤労を教えたのです。がまんすることも、働くことも、助け合うことも、あの時の窮乏が教えてくれました。もちろん、筆者に限ったことではないでしょう。当事に生きた人々は皆それぞれに自身を巡る人生の窮乏と戦って生き抜いたのです。われわれの世代と今の若い親の世代、ましてや子ども達の世代の決定的な違いは教育論や教育実践ではありません。彼らが「豊かな日本」に生きているという一点です。例外はあるとしても、現代の大部分の若い日本人は、食の「欠乏」を知らず、

「貧乏」という先生の教えは受けていないのです。「先生も生徒も欠乏を知らない」ということが、現代教育の最大の特徴です。貧乏の中でわれわれ世代は辛うじて、がまんや助け合いや勤勉を学んだのです。そうしなければ生きられなかった時代だったのです。祖父母は、この一点を今の親に教え、孫を鍛えて下さい。

2

現代家族の忘れ物

現代の家族は、「自子主義」に流れ、過保護に流れ、自立と共同の訓練を忘れています。大事なのは、「困難に耐えること」と「共同ができること」です。しつけのポイントは、「子どもの主張は半分だけ認め」、褒めて、叱って、「基本的生活習慣を徹底する」こと、「家族の役割を与える」こと、「がまんさせる」ことです。

自立の条件は一人前の条件と重なります。「一人前」とは、第1に、「自分のことは自分でできる」こと、第2に、「自分で稼ぐ力を付ける」こと、第3に、「世間と折り合って生きる」ことです。それゆえ、基本的生活習慣の確立が不可欠で、訓練に耐え抜く、「体力」と「がまんする力」が、不可欠です。現代の家族は、子ども主義に流れ、過保護に流れ、自立の訓練を忘れています。

自立の条件が揃えば、世間が認めてくれます。子どもも胸を張れます。要するに、自立とは、世間に認められることから始まります。もちろん、世間とは、家族外の第3者を意味しています。家族が認めただけでは「自立」の問題を解決できない秘密がここにあります。世間と折り合って、適応できるようになれば、自分が自分を認めることができます。

最初の「世間」とは、学校であればクラス、学校外であれば、遊び仲間などごく小さな帰属集団から始まります。それゆえ、最初の仲間内で認められないことが重大問題になります。幼少年期の仲間内のいじめが残酷なのは、少年にとっての最初の世間で起こることだからです。少年にとって、仲間は全世界に匹敵します。逆に、仲間や恋人ができれば、そこが少年の居場所になります。少年が仲間に認められ、仲間との間に起こるトラブルも自分で対処できれば、世間に対処する第1歩になるのです。

だから、最初が肝心です。最初の困難に打ち勝つ耐性が肝心です。方法は、幼少期から「がまん」させて育てることです。小さな困難に直面させ、「負荷」をかけることが大事です。言葉で自分の思いを伝える練習が大事です。言葉こそが、対人関係やコミュニケーション能力の基本です。

「がまん」は根性、「言葉」はコミュニケーションの技術です。この二つは、集団体験と共同生活体験を通して、さらに鍛えられます。集団体験と共同生活体験が決定的に重要なのは、そこで初めて、自分が自分になり、自分が世間に認められることになるからです。この体験を突破できないと、不登校やひきこもりの危険が増します。不登校もひきこもりも、自信を持って「世間」に出られないという現象だからです。世間に出られないのは、「自立」の条件が不十分で、「適応」に失敗するからです。自立には、基本的生活習慣の確立が不可欠で、訓練に耐え抜く、「体力」と「がまんする力」が不可欠です。

現代は個性の時代などと言われ、学校や教育行政まで個性論者となり、個人差や個性尊重を強調します。個人差とは、欲求、体力、能力、資質など個体の違いです。

しかし、筆者は、個人差や個性などより、「適応」の共通条件に注目しています。ひとり一人は違っていても「全員に当てはまること」を重視して養育すべきであると考えます。社会が成り立つためには「共同行動」が不可欠で、個人にとっては共同行動への「適応」が不可欠だからです。仲間と共同行動を取れるようになれば、個人は全体から受け入れられ、集団に適応していくことができます。

もし、子どもに抜きん出た特性があれば、どのような条件下でも、いずれ現われます。幼少期の個体差・個人差などに囚われて、共通の必要条件を疎かにするのは危険です。取るにたらぬ個体差に囚われて、「世界に一つだけの花」だとか、「オンリーワンになれ」とか言っているから、「異質集団」への適応に失敗するのです。個性とは生きる過程で現われる人それぞれの人生に対する姿勢を意味します。未だ、ろくに生きてもいない少年たちに生きる姿勢が確立するはずはなく、個性の意味が分かるはずはないのです。

今や、地域社会はかつての「共同体」が崩壊して、子どもは地域社会では育っていません。それゆえ、子どもは異質を知らず、他者との共同を体験しないまま育つのです。当然、自然発生的な社会的体験は学べません。共同生活上の義務も、他者との交流技術も家族が鍛錬するほかないのです。

その分、学校や幼児保育や学童保育の教育責任はますます大きいのですが、教員にも保育の担当者にも、共同を鍛錬する自覚は薄いとしか言いようがありません。だから、家族は、わが子のために自衛しなければならないのです。

現代家族の忘れ物は、「子どもの主張は半分だけ認める」こと、「基本的生活習慣を徹底する」こと、「負荷に耐えさせ、がまんする力を育てる」ことです。仕事も人生のチャンスも共同の「常識」を弁えた者に回ってくるのです（＊）。

（＊）佐倉一樹『不登校児をメシが食えるプロにする方法』ＰＨＰ　２００４年　ｐ．１８６　仕事は「常識をわきまえている奴」に回ってくる。

3

なぜ、家族の責任を問わないのか⁉

子どもは家族を選べません。子どもが巻き込まれる多くの事故や事件は、先ず「注意・監督」を怠った保護者が悪いのです。保護者の「注意義務不履行」・「保護責任遺棄」にこそ最大の問題がある、と理解することが少年問題の出発点です。

子どもは家族の中で成長します。しかも、子どもは家族を選べません。それゆえ、子ども時代の問題の大半は家族が責任を負わなければならないのです。昔、少年の残虐な犯罪に対して、「親を罰するべきである」と言った大臣がいました。彼の発想は極端だと批判を受けましたが、教育論上の論理は間違っていません。

日本文化は「親」を責めません。「子宝の風土」の親は、「保護者」であり、子どもを守る神聖な存在であるからでしょう。駄目な保護者の無責任を咎めるより、父の恩は山よりも高く、母の恩は海よりも深い、と言っていた方が美しいのです。民法でも「親権」は圧倒的に強く、第3者が親の悪口を言うのは、不謹慎なのです。

だから、青少年問題の原因は、環境や第3者に転化されるのです。親を責める代わりに、学校や、社会や、あるいは仲間のせいにして、責めるのです（＊）。

しかし、考えれば、簡単に分かることでしょう。原因だとされる学校や社会の下で健全に暮らしている沢山の子どもがいるのです。幼少年の問題行動の大半は学校の責任でも、社会のせいでも、少年仲間の責任でもありません。大半の事故も事件も、親が原因であり、親の責任です。非行や、ひきこもりや、不登校はその典型であり、後の新型うつ病も基本原因は幼少期の育て方にあります。しかし、世間でも、滅多に保護者を咎める話は聞きません。

少年犯罪にまつわる報道を見ていると、深夜に少年少女が徘徊しています。家族が無責任で、家族に子どもを育てる上での緊張感が足りないことは明らかです。しかし、子どもの実態を放映しているテレビも保護者の無責任、無関心を指摘することは遠慮しています。未熟なあの年頃に深夜の徘徊を許せば、事件や事故に巻き込まれるのは当然のことです。教育基本法に「保護者は、子の教育について第一義的な責任を有する」と謳っても、罰則を伴わない法は個別の家庭には届きません。現実には、「注意義務」を怠り、「保護責任」を放棄しているどうしようもない家庭がたくさんあるのです。深夜の徘徊を放置しておいて、「夜回り先生」を持て囃したり、ご近所の人々が夜間パトロールなどをしているのは、本末転倒ではないでしょうか？

未成年の犯罪は、保護者に大いに責任があります。子どもには、義務を教える前に、権利を教えてはならないのです。責任を教える前に、自由を与えてはならないのです。子どもが巻き込まれる多くの事故や事件は、先ず「しつけ」と「注意・監督」を怠った親が悪いのです。保護者の保護責任遺棄にこそ最大の問題がある、と理解することが少年問題の出発点です。

（＊）土井健郎、キャサリン・ルイス、須賀由紀子、松田義幸、『甘えと教育と日本文化』ＰＨＰ研究所　２００７年　ｐ．１３５（土井）：日本では家庭は責めません。父親、母親を責めません。責めるのは学校の先生です。

4

しつけとは感情のコントロール（自制）の訓練です

仏教では、人間は業を負っているといいます。キリスト教では原罪を負っているといいます。人間には、善も悪も同居しているのです。それゆえ、共同生活のルールを決めたのです。それが規範です。規範とは、「やりたくても、やってはならないことはやらない」、「やりたくなくても、やるべきことはやる」ということです。このブレーキとアクセルが「耐性」（＊）です。しつけの本質はこの「耐性」を育てることです。

仏教では、人間は業を負っているといいます。キリスト教では原罪を負っているといいます。除夜の鐘は108の煩悩を払うのだと言います。人間には、善も悪も同居しているのです。現実世界を見れば、性善説も性悪説も同居しています。思いやりややさしさのとなりに、怒りやねたみも潜んでいます。当然、子どもも同じです。

養育には、人間性の「マイナス要因」を認める寛容さが必要です。しかし、同時に、会津藩の教育が言った通り、日常の行為で、「やってはならないことは、やってはならない」ということを教えるのがしつけです。しつけも規範の教育も単純で、明快でなければなりません。規範とは、共同生活上の善悪についてのブレーキとアクセルの基準です。「善は行なえ、悪は行なうな」という基準です。「やりたくても、やってはならないことはやらない」、「やりたくなくても、やるべきことはやる」ということです。この二つが共同生活を成り立たせています。己の「慾」をがまんしてやらない、己の「不満」をがまんしてやるというブレーキとアクセルが耐性です。耐性さえあれば、この世の問題の半分は解決済みです。残りの半分は、必要に応じて、学べばいいのです。

（＊）「耐性」

一般的に「がまん強さ」のことをいう。耐性には、アルコール耐性とか、薬理耐性のような特別な使用法もあるが、子どもの発達に関わるものは「行動耐性」と「欲求不満耐性」である。行動耐性とは体力を基本とした身体的適応力や慣れを意味する。はじめは辛かったり、難しかったりすることでも、身体の慣れや適応力がついて、できるようになった場合「行動耐性」が向上したと言う。他方、「欲求不満耐性」の方は、心理的・精神的適応力を意味する。私たちが種々の生涯、妨害、困難により、欲求の実現が阻まれることがある。その時の緊張や不満が欲求不満である。緊張と不満の苦痛に耐えて、状況を判断し、適切な現実処理ができる能力を「欲求不満耐性」と呼ぶ。この能力が乏しいと状況の苦痛に耐えられず、感情的、防衛的に不適切な反応を起こしやすい。「きれる」というのがそれである。この能力を高めるためには、発達の各段階において、適度の挑戦、緊張、失敗、挫折など「欲求不満」を伴う体験を通っておくことが必要である。

5

親は最初にして最大の先生です

幼少期の子どもは親の好きなものが好きになり、嫌いなものが嫌いになります。言葉使いから暮らしのルールまで、親のやる通りにやります。人生や花鳥風月についての感性も親から学びます。親は最初にして、最大の先生なのです。

学ぶは「真似ぶ」から始まります。英語では「モデリング」と言います。子どもにとって、一番身近なモデルは親です。「親の背を見て育つ」と言われるのは、「モデリング」効果のことを言っているのです。「子は親の鏡」も同じです。

子どもは親の好きなものが好きになり、嫌いなものが嫌いになります。言葉使いから暮らしのルールまで、親のやる通りにやります。人生や花鳥風月についての感性も親から学びます。どの生物にとっても親は最初の先生で、最も影響の大きい先生と言っても過言ではないでしょう。

あいさつ、礼儀作法、謝罪、コミュニケーションなど、人と交わる仕方も親を見て学びます。人付き合いも仕事の仕方も親がモデルです。

周りの迷惑も顧みず、電車で携帯を使う人がいます。レストランで使う人さえいます。平気でゴミを捨て、平気で駐車違反をし、平気で並んだ列に割り込む人がいます。ルールを守らない親が子どもにルールを教えられるはずはありません。自分がルールを守らないことを見せておいて、子どもにルールを守れというのは、教育学の無理難題というものです。

近年、子どもに問題行動が起こると、学校や社会ばかりを責める傾向がありますが、最大の教師は親であり、一番の責任者は親なのです。日本では、誰も親を真っ向から責めませんが、子どもの非行や逸脱行動について一番悪いのは親であり、一番責任が重いのも親です。

青少年問題は基本的に親問題なのです。殺人、強盗、集団暴行など少年の凶悪犯罪には、親の「不作為」を処罰する法律があってもいいくらいだと、筆者は思っています。

6

家族の変質―政治や行政の見当違い！

多くの人々が「自分」のことしか考えなくなれば、最初に家族が変質します。当然、家族の「共同」や教育機能は弱体化します。それでも、長年続いた「子宝」の文化への信頼は、根強く、頑強です。総体としては、まだ誰も家族の団結と機能を本気で疑わず、誰も家族の責任を問いません。それゆえ、改正教育基本法は、新たに「家庭との連携」を謳っています。しかし、「早寝、早起き、朝ご飯」が文科省のスローガンになったのです。多くの家庭で基本的生活習慣の指導すらできていないということです。どうすれば「連携」できるでしょうか？　何を連携しろというのでしょうか？

「子宝の風土」では、家族が「宝」を守ることは当然だと思っています。「まされる宝、子にしかめやも」は、何千年にも亘る日本文化の伝統だからです。

それゆえ、今になって、自己中の親が起こす、「児童虐待」に日本社会は戸惑うばかりです。少年の残虐犯罪も目を覆うばかりです。公的機関は、「親権」に遠慮し、学校は、保護者の教育力を過信して、事件や事故の対処が後手になっています。結果的に、子どもの悲劇がメディアを賑わせているのは周知の通りです。

戦後日本は「戦前」への反動で、「全体の利益」を軽視し、「個の利益」を優先しました。「主体性」や「自己実現」という美辞麗句が持て囃され、結果的に、個人の「慾」を野放しにし、「自己中」や「自子中」と呼ばれる「自己中心主義」や「自分の子ども主義」を生み出しました。

多くの人々が「自分」のことしか考えなくなれば、最初に家族が変質します。当然、家族の「共同」や教育機能は弱体化します。地域が「無縁社会」と化した原因も、「自分のことしか考えなくなった」という一点で同じです。もはや日本人は自分の興味・関心・利益でしか動かなくなったのです。

それでも、長年続いた「子宝」の文化への過信は、根強く、頑強です。総体としては、まだ誰も家族の団結と機能を本気で疑わず、誰も家族を責めません。家族の変質を十分に自覚していないからです。

それゆえ、改正教育基本法は、新たに「家庭との連携」を謳っています。しかし、「早寝、早起き、朝ご飯」が文科省のスローガンになって、今や、多くの家庭が基本的生活習慣の指導もできていないのに、どうすれば「連携」できるでしょうか？　何を連携しろというのでしょうか？

また、自民党の憲法改正草案には「家族は助け合うべし」という趣旨の文言が入っていると報道で知りました。誰かが家族の変質に危機意識を持ったのだろうと想像できます。気持ちは分かりますが、「国家の義務規定」である憲法に「家族のあり方」を謳うのは、見当違いも甚だしいことです。親不孝の非行少年や不登校や引きこもりを生み出している家族を「憲法違反」にすることはできないでしょう！　保護者の養育上の保護・監督責任を問うのであれば、児童福祉法に謳うか、「保護・監督責任法」を新設するかして、全家族の注意を喚起してはどうでしょうか？

（＊）新設（家庭教育）
第10条　父母その他の保護者は、子の教育について第一義的責任を有するものであって、生活のために必要な習慣を身に付けさせるとともに、自立心を育成し、心身の調和のとれた発達を図るよう努めるものとする。（傍線は引用者）

（＊）新設（幼児期の教育）
第11条　幼児期の教育は、生涯にわたる人格形成の基礎を培う重要なものであることにかんがみ、国及び地方公共団体は、幼児の健やかな成長に資する良好な環境の整備その他適当な方法によって、その振興に努めるものとする。（傍線は引用者）

第10条と第11条は関係者の危機意識の表明です。そして表明された危機意識は正当です。「幼児教育」は危機的で、「家庭の教育力」は限界に近いのです！「家庭教育」条項も、「幼児教育」条項も、現状の「家庭教育」がダメだから新設せざるを得なかったのです。その目的は、遠くは「少子化の防止」、近くは子どもの発達支援のためでしょう。しかし、過保護は、すでに3世代続いています。子どもの実態を見れば、現代の家庭の教育力が如何に頼りにならないかは明らかです。多くの子どもの「体力」も、「耐性」も貧しく、幼少年教育の失敗は、社会を脅かし始めたのです。発達上の「体験の欠損」は子どもの全生活分野にわたり、社会規範が身に付いていない青少年の非行・犯罪、社会的不適応の実情を見れば、まさに「教育公害」の兆しであると言って過言ではないでしょう。美辞麗句を並べた言いっ放しの「努力義務」だけで、現状は変えられません。少年の凶悪犯罪には、処罰を伴った「保護・監督責任法」が必要になる所以です。

7

「自己中」の背景と「共益」の崩壊

戦後日本の理想は、戦前の「国家主義」・「全体主義」に対する全否定をバネにして成立しました。全否定ですから、「個」を優先し、「個」と「全体」あるいは、「個人」と「共同体」のバランスは考慮されていません。共同生活における、共通利益と個人の欲求とのバランスも、結果的に軽視されたのです。

「自己実現」といい、「主体性」といい、「個性主義」といい、「価値の多様化」といい、戦後日本の社会が標榜してきたスローガンはすべて「自立した個人」を前提としています。戦後日本の理想は、戦前の「国家主義」・「全体主義」に対する全否定をバネにして成立したのです。全否定ですから、「全体」と「個」の利害調整については、当然、個人の自己都合を優先させました。共同生活における共通利益は、個人の都合や欲求の前に軽視されました。「ごね得」が発生したのも必然でした。

「個」が強調された背景には、全体主義によって、個人の利益が顧みられず、ないがしろにされたという苦い思い出があります。それゆえ、敗戦後の「一億総懺悔」と「一億総否定」は、「個の保障」と「個人の自立」を理想とする発想に結実しました。

概念としての「自立した個人」は、共同社会はもとより、親からも家族からも自立しています。極論すれば、外部社会に関係なく、個の「主体性」は、存在すべきであると信じ込み、それが可能であると錯覚したのです。しかし、社会から切り離された個人などあるはずはなく、全体を前提としない「個」もあるはずはありません。

戦後日本の自己中もごね得も、極端に、「個の欲求」を「全体の価値」や「共通の利益」に優先した結果です。個人の都合や慾を「主体性」とか「人権」とか、何人も否定できない法哲学の言葉で置き変えたのが、戦後日本の民主主義の原点となりました。

現象的には、権利が突出して、義務が軽んじられたのです。この傾向が教育に及べば、日本社会の「公共」は崩壊します。

個人の「主体性」という美名が「わがまま・勝手」と混同された時、「自己中」現象が起こるのは当然です。さらに、個人の意志や慾の主張を人権だと言い始めれば、誰も、「当人の言動」にケチをつけることはできなくなります。「ごね得」さえも「人権」になったのです。これらは「行き過ぎた個人主義」などと呼ばれてきましたが、中身の正体は、「自分さえ良ければいい」という「利己主義」であり、「自分主義」です。

「共益」に配慮しない「自分主義」がはびこれば、「自己中」になり、自己中が子育てを浸食すれば「自子中」となり、「モンスター・ペアレンツ」を生み出すのです。

また自分主義が地域に広がれば、他者に関心を示さない「無縁社会」が出現します。無縁社会とは、他人を考慮しない自己都合中心社会のことです。自己中と同じく、バランスを欠いて「個」を優先させたことの副作用の結果です。

個人の意志や欲求を「価値」とし、それが「人権」の基礎を為すと考えれば、誰も子どもの自由意志を無視できなくなります。家庭も、学校も、隣近所の大人も、子どもの無礼や我がまま勝手を叱れなくなったのは当然の帰結でした。結果論になりますが、個人優先の思想は、「主体性論」と「人権の思想」を教育に持ち込んで、しつけと教育を破壊しつつあるのです。教育に新しい鍛錬と新しい共同生活のプログラムが必要になっているのです。

8

しつけの基本も、教育の不易も変わりません

外部環境がどう変わろうと、人間性も、共同生活の必要条件も変わりません。人間が社会で生きていく以上、みんなのためにやるべきことはやらなければなりません。もちろん、やってはならないことはあくまでもやってはならないのです。それゆえ、しつけの基本も、教育の不易も変わりません。

時代の激変の中で、社会環境も学校のあり方も大きく変わりました。しかし、人間性や共同生活の基本倫理は何も変わっていません。それゆえ、しつけの基本も、教育の不易も変わりません。人間が社会で生きていく以上、みんなのためにやるべきことはやらなければなりません。もちろん、やってはならないことはあくまでもやってはならないのです。薩摩の「郷中教育」（＊1）や会津の「什」教育（＊2）が唱えた原理は、現代社会の原理でもあります（＊）。

現在は社会の激変期です。もちろん、激変期であっても、幼少年期の成長・発達の核は家族の養育にあります。幼少年期の家庭の養育行動にこそ、教育の不易の核が存在します。他者との関わりの原形も、「保護」と「自立」のバランスも、家族の中で習得されます。義務と責任の意識も、勤労の態度も家族の中で育むのです。

戦後日本の多くの家族は、個と全体のさじ加減を忘れました。共同や自立の義務を軽視して、子どもの欲求を重視しました。それが過保護の子育てです。過保護とは、親の思いによる「過干渉」と子どもの欲求を無制限に受容する

「放任」が同時に進行することを言います。「過干渉」も、「放任」も、その原因は、「個」の欲求の過剰な重視にあります。

非行に代表される逸脱行動は、ルールを守るという義務のしつけに失敗した結果です。不登校や引きこもりのような逃避行動は、共同の姿勢と集団への適応を教え損なった結果です。どちらも、第1の責任は一人前の訓練にしくじった家族にあります。

これまで、家族の教育力を補ってきた子ども会や地域単位で行なわれてきた社会教育プログラムは、政治と行政が、「生涯学習」政策に舵を切ったことで一気に衰退しました。「生涯学習」とは、「みんなそれぞれ勝手にやりなさい」という政策であり、家庭教育支援を放棄した政策にほかなりません。「生涯学習」政策は、民主主義の衣をまとい、学習の中身と方法は、「国民が決めて下さい」というタテマエです。市民の判断に任せると言えば、聞こえはいいですが、突き放された個人や家族の間に、教育力の「格差」が拡大するのは必然的な結果でした。

広田照幸氏は、「教育には何ができないか」を問い、子どもを巡る社会問題のすべてを教育のせいにするなと警告しています。もちろん、「教育は万能ではない」（＊3）ことは氏の指摘の通りですが、教育を放棄して、「勝手に学習して」という関連行政の「不作為」にこそ問題があるのです。家庭教育支援に関する限り、教育や保育に関わる人々が「何をしてこなかったか」、こそが問題なのです。

中でも、最大の失敗は「保育行政」です。男女共同参画が徐々に浸透して、女性の就労が一般化すれば、当然、母が不在になる家庭の教育機能は低下します。それゆえ、社会がある程度まで養育機能を肩代わりしなければならないのも当然です。従来にもまして、社会教育や幼児保育や学童保育が重要になる所以です。

一番の問題は、今の政治に、保育の中に教育機能を入れる発想がないことです。どんな子育てにも保育の中に教育があり、教育の中に保育があります。両者は一体で、分離不可能です。

分離不可能なものを分離している理由は、誠に馬鹿げたことですが、単に、日本国の行政が、教育は文科省で、保育は厚生労働省という行政の縦割りがあるためです。

母親の就労が進み、地域の家庭教育支援プログラムが衰退したこの時、一体、政治家は、時代のどこを見ているのでしょうか？　家族の教育機能が弱体化し、教育の不易の部分がますます重要になっているのに、なぜ、社会教育を放棄し、保育を教育から分離し続けるのでしょうか！

（＊1）薩摩の「郷中教育」：「負けるな！　嘘を言うな！　弱い者をいじめるな！」
（＊2）会津藩の「ならぬことはならぬ！」という「什《じゅう》」教育。
（＊3）広田照幸『教育には何ができないか』春秋社　２００３年　p．２１８―２１９教育の失敗論は教育万能主義の裏がえし。

9

なぜ体験なのか

「体得」するとは、文字通り、「腑に落ちる」とか、「身に滲みる」とか、「身に付く」というように、頭だけで分かるのではなく、身体が理解するということです。言動と所作が自然になることを「様になる」といいますが、これも「体得」です。「百聞は一見に如かず」と言いますが、「百見は一体験に如かず」です。子どもは、特に、1つの体験が、100の教室授業に勝るのです。

生活上のあらゆる「体験」は、事態の「分析—解決—対処」という一連の行動を必要とします。それゆえ、子どもが多様な体験を積み上げていけば、現実対処の多様な知恵が付き、耐性ができていきます。「耐性」とは、本書で何度も出てきますが、我が身の状況が思うようにならなくても、がまんして頑張り続ける能力のことです。それゆえ、耐性こそが「生きる力」の中核です。

体験から学ぶことは、単に頭が理解することを超えているので、「体得」と呼ばれます。「体得」には、「やってみる勇気」と「反復練習の辛抱」の二つが不可欠です。この二つを支えるのが「耐性」です。体験を通して、耐性がついていくとは、一つのがまんが次のがまんを育てていくからです。

「体得」するとは、文字通り、「腑に落ちる」とか、「身に滲みる」とか、「身に付く」というように、頭だけで分かるのではなく、身体が理解するということです。練習を重ねると「反射的」に行動できるようになるのも体得です。

みずからの言動が自然にできるようになることを「様になる」といいますが、これも「体得」です。「百聞は一見に如かず」と言いますが、子どもは、特に、

「100の教室授業は一体験に如かず」なのです。

岡田尊司氏は、「社会が崩壊し、自然発生的な社会的体験がますます細っていく中で、共感性や社会的なスキルや責任といったことを学ぶことは、一層重要になる。それをなし得るのは学校においてしかない」と言っています（＊1）。しかし、なぜ「学校」だけなのでしょう？　体験の社会的条件が貧困化しているからこそ、全関係者の自覚を促すことが先決です。家族の自覚は元より、保育所、学童保育の教育プログラムは学校に劣らない重要性を持つようになっています。保育が教育プログラムを導入して「保教育」になれば、体験教育の領域は一気に拡大するのです（＊2）。

筆者の養育論の根本は、簡単で、単純です。子どもの生育上、体力とがまんする力が不足すれば、世間のストレスに耐えられない、ということです。もちろん、この2つが不足すれば、あらゆる学習と訓練に耐えられず、実力がつきません。

世間も人生も、自分の思ったようにはなりません。実力が足りなくても、がまんする力が低くても、困難や人間関係の軋轢に潰されます。学問的に、体力は「行動耐性」と呼ばれ、「がまんする力」は「欲求不満耐性」と呼ばれます。「欲求不満耐性」とは、「気に入らない状況」のことです。だから、「欲求不満耐性」とは、気に入らない状況に陥っても、がまんして頑張り続ける力のことを言います。「行動耐性」と「欲求不満耐性」が合わさって、この世の困難に耐え抜くことができます。それゆえ、この二つは合わせて、「困難耐性」とか「ストレス耐性」と呼んでもいいでしょう。

子どもが躓く、不登校、ひきこもり、非行、新型うつ病などは、すべて「耐性」が低いことが基本原因です。だから、その治療法は、「耐性を鍛えて、自分にも、世間のストレスにも負けるな」ということに尽きます。

一言で言えば、耐性とは、心身の負荷に対して「がまんする能力」です。材料は何でもいいのですが、がまんする能力は、小さながまんを少しずつ体験させながら、積み重ねて育てます。「小さながまん」とは、「小さなストレスを越えさせていく」という意味です。病原菌を少量注入する予防注射：ワクチンの発想と同じです。

人生の困難も、失敗も、挫折も、即、ストレスを生みます。それゆえ、教育場面で、小さなストレスを積み重ねるとは、子どもに、「負荷」をかけるということです。「負荷」とは、現状の彼らの能力を超える課題という意味です。鍛錬とは、意識的に、困難な課題に耐えさせるということです。スポーツ生理学の言うオーバーローディング法（＊3）と同じです。「ローディング」は「負荷をかける」という意味です。また、「オーバー」は、「現状を越える」と言う意味です。スポーツのコーチが、選手の現状の力を越える訓練を続けるのは、筋肉や心肺機能の向上には、「負荷」が不可欠であることを知っているからです。教育上、筆者は、ワクチンに例えて、「負荷」のことを「困難菌」と呼んできました。

当然、親も教師も含め、あらゆる指導者は、愛情豊かで、子どもの味方でなければなりませんが、同時に、子どもの成長・発達のためには、常に、適切な負荷をかけ続ける存在でなければなりません。一方で、褒めたり、叱ったり、励ましたり、慰めたりしながら、他方で、養育行動の中に困難と失敗と挫折を積み上げて「現実対処能力」・「火事場力」を育てていくのです。それが「さじ加減」です。

この時、おそらく一番大事なことは、失敗も、挫折も人生の恥ではないと言い続けることです。イェール大学のストレス効果の研究は、人々がストレスを受け容れて、ストレスに耐え切れば、「より幸福」になり、「より健康的」になり、「より生産的」になれることを証明しました（＊4）。筆者は、ストレスの研究者ではありませんが、76年の人生の経験則は、研究結果と同じです。

（＊1）岡田尊司『なぜ日本の若者は自立できないのか』小学館　2010年　p．210～211
（＊2）三浦・大島共著『明日の学童保育』p．15～16―学童保育の教育的可能性
（＊3）「現状で、自分ができること以上の練習を積む」ことです。「過負荷」の原則とも呼ばれます。
（＊4）アリア・クラム、ピーター・サロベイ、ストレス再考（Rethinking stress）：イェール大学による、企業の従業員を対象とした新しい研究では、「ストレス」を「向上のチャンス」と捉えることで、「プラスの影響を得ることが出来る」ことを発見した。

10

しつけの核心――家庭教育の根本

子どもの教育とは、人生の困難に立ち向かう姿勢をつけてやることです。一時の「かわいそう感情」に流されて、「嫌ならしなくていいよ」と言ってはなりません。義務や責任から「逃げる」ことを許容すれば、「逃げてもいい」と教えることになるのです。

戦後教育は、危ういことに、「個性」と「個体性」を同一であるかのように考えました。また、個人の「欲求」や「意志」をひっくるめて「主体性」だと考えました。さらに、主体性は権利意識と結びついて、「人権」に置き換えられました。

戦後教育は、やがて、主体性と人権を尊重するというスローガンの下に、「子どもの意志に反することをするな」と言い始めました。事もあろうに、「権利が先で、義務は後だ」（＊1）という人がいます。子どもの意志は子どもの権利だという人も出てきました。各地で、この手の人々が狂奔して、「子どもの権利条例」のような法規定までできています。

しかし、子どもの意志に反する指導が許されなければ、あらゆる教育はほぼ不可能です。また、子どもの意志が権利であるのならば、当然、義務規定も強化すべきです。権利は義務によって裏打ちされているのですから、少年の非行や犯罪も、成人に準じて、もっと厳しく罰するべきでしょう。

人間は、楽しくて、楽で、快適な状況を求める動物の特性を共有しています。

フロイトは、この特性を「快楽原則」と呼びました。「快楽を求めること」を特性とする生き物は、「負荷」を嫌います。未だ「ヒト科の動物」を引きずっている子どもは、当然、負荷のかかる訓練に対して、「きつい」、「面白くない」、「やりたくない」、「やだ」を連発するようになります。現に、そうなっています。

周りが、「嫌ならしなくていい」と言い、「子どもが嫌がることを何もそこまでさせなくても……」と考えるようになれば、当然、子どもは「快楽原則」のままに流されます。

「主体性」と「欲求」を同一視すれば、「子どものわがまま」も、「好き嫌い」も、「逃げ」でさえも、「主体性」だということになります。子どもの欲求や気持ちを優先すれば、子どもの「逃げ」も優先することになります。あらゆることで子どもの「気まま」と「選択」を許さざるを得なくなるのです。そうした教育姿勢が日本の子どもを駄目にしているのです。

簡単で、単純なことですが、訓練とは、鍛えるべき対象に「負荷」をかけることです。「負荷」のかからない訓練は、訓練ではありません。「負荷」は耐性を鍛え、人生の困難は耐性の関数になります。耐性がついていくにしたがって、困難は困難でなくなり、ストレスはストレスと感じなくなるのです（＊２）。

それゆえ、「負荷」を嫌う子どもの意志を１００％受け入れるようになれば、困難に立ち向かう姿勢をつけてやることはできません。子どものやりたいことだけを認めれば、子どもに「逃げ」を教えることになり、「挑戦」を教えることはできません。

筆者は長く放課後の学童クラブの教育指導をしてきました。ある時、学校の終了時に、一人の子どもが「とびばこ」の練習が辛いから帰ると言って涙をこぼしたそうです。先生はそのまま帰らせた、と指導員から聞きました。このように、子どもは自分の苦手なものから逃げようとします。「逃げ」の原点は、子ども自身の「好き嫌い」や「プライド」です。

なぜ、その時、先生は子どもの背中を押してやらなかったのでしょうか？筆者だったら、「一緒に行ってみよう。指導員の先生にちゃんと頼んで上げるからね」と言って、学童クラブまで引率したことでしょう。他の子どもたちがみんなあれほど熱中して跳んでいるのに、参加さえすれば、簡単に解決できることなのです。みんなが跳んでいる跳び箱を跳べなければ、「苦手意識」も「劣等感」も延々と続くのです。

先生の発想の背景には、厳しく指導する筆者に対して、「子どもが嫌がることを何もそこまでしなくても……」という感覚があったのでしょう。幼児期から、小学・中学・高校と「嫌ならしなくてもいいよ」と負荷から逃げることを許されてきた子ども達が、世間や人生の「負荷」に耐えられず、脱落していくのは当然です。人生の課題から逃げを続ければ、不登校や引きこもりに、最後はニートやフリーターへ道を辿る危険性が増すのです。保護者も、その他の指導者も、一時の「かわいそう感情」に流されて、困難に立ち向かう教育を放棄してはならないのです。

筆者が指導した学童クラブでは、個々の子どもの事情は、「半分」しか聞きませんでした。古人のいう「子どもは半人前」の考え方にならいました。異学年の発達の違いにもできる限り目をつぶり、逃げない子どもを褒め、頑張る子どもを応援しました。子ども達は、厳しい訓練に耐え、集団への同調を学び、異年齢の集団の共同生活を学びました。プログラムに参加している子どもは、体力も耐性も社会性も礼節も学び、相互に助け合い、学力も向上したのです。子どもの教育とは、知識や技術を教えると同時に、人生の困難に立ち向かう姿勢をつけてやることです。

前述の泣いて嫌がった子も筆者が有無をいわせず、後から追って仲間と同様、跳び箱が跳べるようになり、跳び箱が好きになりました。もちろん、個人の能力差はありますが、最後はどの子も朗唱をマスターし、跳び箱も跳びました。彼らは、跳び箱を跳んだのではありません。「人生」を跳んだのです。

（＊1）汐見稔幸、『子どものサインが読めますか』女子パウロ会、p．168、汐見氏は、「義務は権利が満たされてこその義務なのだ」と言っていますが、全く逆です。「義務が果たされてこその権利です」。共同生活もその舞台となる社会のシステムも構成員が義務を果たすという約束の上に成り立っています。欧米の哲学者が論じたとおり社会は構成員の「契約」の上に成り立ちます。「契約」は「共益」または「公益」のための約束・義務です。マンションの共益費から交通ルール、給食費や納税の義務まで構成員が共同生活のシステムを成り立たせている約束と義務を守らなければ、社会は成り立ちません。

（＊2）國米欣明『その子育ては科学的間違っています』河出書房新社　2010年　p．284　ストレス源が、人間にとってストレスになるかどうかは、いつも人間の耐性との相対的な関係によります。

11

「君は君のままでいい」か？

　成長過程の未熟な子どもに「今のままでいい」と宣言するのは、教育の放棄です。「今のままでいい」のなら、教える必要はないのです。「自尊」とか「自己肯定」の概念にかぶれて、学校までが子どもの「自我」を甘やかしているのです。

　子どもの「現状肯定」は家庭にまで伝染しています。モンスター・ペアレンツはその落し子です。

筆者の講演先のある小学校に「君は君のままでいい」という大きなポスターが貼ってありました。明らかに、教師か、カウンセラーが書いたものでしょう！　学校の姿勢に呆れ果て、筆者は講演のテーマを「君は君のままでいいはずはない」と変更して保護者と教員に訴えました。未熟な子どもが「今のままでいい」はずはないではありませんか！！！

成長過程の未熟な子どもに「今のままでいい」と宣言するのは、教育の放棄です。「今のままでいい」のなら、教える必要はないのです。「自尊」とか「自己肯定」の概念にかぶれて、学校までが子どもの「自我」を甘やかしているのです。

不登校や引きこもりの子どもが、共同生活のルールや原則など、単純で、当たり前のことが分からず、世間と折り合うことができないのは、子どもの「自我」が甘やかされて育つからです。自我を甘やかして、「今のままでいい」と言い続ければ、「人生をなめる」ようになります。

引きこもりの少年が、プライドが高く、自分の不満だけを主張するのは、自尊や自己肯定だけを教わり、自我が肥大化しているためです。人生の困難を突破するだけの実力が伴わないのは、自分は「今のままでいい」と思い込んで、自己鍛錬と修行を怠っているためです。

幼少年期から、おのれの未熟を自覚することなく、自己否定を教わらず、鍛錬が決定的に不足しているからにほかなりません。

「君は君のままでいい」のなら、「不登校は不登校のままでいい」のでしょうか？　そんな馬鹿なことはないでしょう。それゆえ、「君を君のままに放置している」家族や学校が悪いのです。保護者や教師が、子どもの自由意志は権利だから、「今のままでいい」と「逃避」を認めているのであれば、教育を口にする資格はありません。

時代が変わろうと、環境が変わろうと、世間も人生も、自分の思うようにはならないのです。古今東西、この一点は変わりません。だから、当人を鍛えて、実力をつけてやり、共同の習慣を教えない限り、不登校やひきこもりは解決しないのです。

12

子どもは「半人前」であるという古人の知恵に戻れますか？

先人の達見は、教育上、子どもを「半人前」としたことです。「半人前」とは、「まだ成長の途上にある」ということであり、「教えなければならないこと」「学ばなければならないこと」も沢山あるということです。

もちろん、法律上の「人権」は、大人と子どもに変わりはありません。法律上の人権と、教育上の「半人前」を区別して考えることが大事なのです。

しつけと教育の過程で、「半人前」の発想に戻るということは、「半人前の言い分は半分だけ認める」ということです。「子宝の風土」に、人権とか子どもの権利という法律概念を持ち込んで、子どもの意志や欲求を全部「受容」するようなら教育は崩壊します。「子宝」とは、子どもを「宝」として、あるいは「授かり物」として、何よりも大事にするという意味です。日本の風土は、ただでさえ、子どもの意志や欲求に甘いのです。

子どもは、例外を除けば、家族の中に生まれ落ちます。だから、しつけや基本的習慣の形成は家族の中で始まります。「半人前」の訓練の直接的責任は疑いなく家族にあるのです。

複雑かつ自由になった現代社会で、家族の特性は色々あるでしょうが、いつの時代も家庭教育の責任と核心は変わりません。家庭教育の核心は、他人と関わることを、「体験させたか、させなかったか」であり、世間に出るための準備を「教えたか、教えなかったか」です。

ところが、現代教育の顕著な問題は、幼少期に、「集団の中で育てていない」、

「困難な体験が足りない」、当然、「がまんもさせていない」、「共同や勤労の義務を教えていない」などです。家庭教育を含め、あらゆる教育的指導の過程で、「快楽原則」を特性とする人間は「負荷」を避けようとします。ほとんどの場合、「負荷」は、人間にとって不快であり、「快楽原則」に反するからです。

未だ、「がまんする」ことを学んでいない子どもは、特に、「負荷」を嫌がります。それゆえ、「きつい」、「面白くない」、「やりたくない」を連発します。この時、指導にあたる者は、子どもの思いの半分は聞いてやることが大事ですが、後の半分は聞いてはならないのです。教育とは、「やりたくても、やってはならないことはやらせない」ことであり、「やりたくなくても、やるべきことはさせる」ということだからです。したがって、教育の原点は「負荷をかける」ことであると言っても過言ではありません。「きつい」、「面白くない」、「やりたくない」を全部認めたら、教育は成り立たないのです。

13

「半人前」の意志に従えという助言の危うさ

多くの参考書が、不登校やひきこもりは、「自分が否定される」ことが原因であると言っています。しかし、考えるまでもなく、ルールや礼節を弁えず、相手を考慮しない人間が、「否定されない」場所や人間関係は、世間にも、人生にもあるはずはありません。人間関係は当事者同士の行為と活動で決まります。

行為と活動がわれわれの態度をつくり、相手の反応や態度を決定します。だから、こちらの言動次第で仲良しも、喧嘩相手もできるのです。それが分かっている専門家たちが半人前に「寄り添え」とか、「その意志を尊重せよ」とか、言うのは、何と危うい助言でしょうか！

引きこもりの参考書群を読むと、いたるところに「半人前」の意志を尊重しろという恐ろしい指導が出てきます。

不登校も、引きこもりも、問題の核心は、保護者の「養育」の仕方が間違っていたということです。「共同生活」の基本も、「がまん」も教わっていないということです。にもかかわらず、家族に対する専門家の診断や助言はきれいごとに過ぎます。助言の多くは悠長で、当人をも、家族をも余計に苦しめるだけで、当人の社会への不適応状況を救えるとは思えません。

当人に「寄り添え」とか、「気持ちを受け止めてやれ」とか、「辛抱強く待ちなさい」とか、言っているうちに引きこもりはますます深みにはまっていくのです。

以下は典型的な例です。

「子どもたちが学校や職場へ行くか行かないかは、それはその子の選択の自由であり、誰も侵すことはできないと私は思います。二度とかけがえのない人生をどんなスタイルで生きていくかは、その子の意志が最大限尊重されなければならないからです」（＊1）。

また、別の専門家は、引きこもりの原因は「居場所」の喪失であり、その居場所とは「存在―自己愛の場」である、と言っています。言い換えれば、居場所とは、「その人が為すべき行為や活動ではなく、存在そのものがその場に無理なく定位できる」ということだと言うのです（＊2）。「無理なく定位できる」とは、難解な表現ですが、意味するところは、自分の態度・行為に関係なく自分を認めてくれるという意味だと思われます。要は、自分が「否定されない」ことが大事であると言っているのです。

これらの診断や助言は、「火事」を目の前にして、ゆっくり火を消せ、と言うのに似ています。すでに、不登校や引きこもりの数は何十万人に上ります。

予備軍を入れれば、優に百万人を超えています。状況は「大火事」です。大火事は一気に消さなければ、社会全体に広がります。生まれたときの「宝物」が、もはや「腫れもの」と化してしまった子どもの機嫌を取ることは終わりにしなければならないのです。

「子宝の風土」の保護者には、一番難しいことですが、家族は子どもを離して「他人のメシ」の中に放り込み、第三者に共同生活の訓練を依頼するしか消火の方法はありません。

考えるまでもなく、ルールや礼節を弁えず、相手を考慮しない人間が、「否定されない」場所や人間関係は、世間にも、人生にもあるはずはありません。

人間関係は当事者同士の行為と活動で決まるのです。行為と活動がわれわれの態度をつくり、相手の反応や態度を決定します。だから、こちらの言動次第で仲良しも、喧嘩相手もできるのです。

富田氏は、「引きこもる子どもに対して親が絶対に言ってはいけない言葉、それは『仕事』『学校』『責任』『自立』です。そのことは言われなくても全部気になっているのです。『何故』『どうして』という言葉も禁句です」と助言しています（＊3）。

何と愚かな助言でしょう！

「仕事」「学校」「責任」「自立」は引きこもる前に徹底して訓練しておくべきことではないですか⁉　富田氏が言う、保護者の禁句こそが引きこもりを予防するカギであることを忘れているのです。それゆえ、家族から子どもを引き離して、有無を言わせず、「仕事」「学校」「責任」「自立」の姿勢と態度を教えるプログラムに放り込めば、子どもの火事は消火できるのです。

（＊1）富田富士也『引きこもりと登校・就職拒否、いじめQ&A』平成12年　第3版　p．118

（＊2）忠井俊明・本間友巳編著『不登校・引きこもりと居場所』ミネルヴァ書房　2006年　p．6

（＊3）富田富士也　前掲書　p．30

14

鍛錬なき「自尊」は少年の精神を滅ぼします

鍛錬の方法は、「鍛えて褒める」、「褒めて鍛える」の繰り返しです。子どもの自尊感情の裏付けは、自分自身が鍛錬に耐えた実績です。鍛錬なき自尊は子どもの精神を甘ったれのうぬぼれにします。原理的に、「褒めて鍛える」とは、「社会的承認の欲求」を満たしながら鍛えるということです。

子どもの教育において、鍛錬と賞賛は一対のものです。トレーニングがきつければきついほど、褒めることが大事になります。逆に、鍛錬を伴わない「賞賛」は、「ご機嫌取り」になり、「へつらい」になり、根拠なき承認となります。褒めることも、認めることも大事ですが、鍛えながら褒めて下さい。鍛錬なき「自尊」は少年を慢心させ、その精神を滅ぼします。

褒めることは、「認める」ことであり、「関心」を示すことであり、「理解と承認」を与えることです。心理学では、「社会的承認」を与えるといいます。それゆえ、「承認」の理由と根拠が重要です。「厳しい鍛錬に耐えた」ということが、承認の根拠になります。

自分の努力を身の回りの人から認めてもらうことは、人生を幸福に生きる不可欠の条件です。褒められることは好意の表現ですから、褒められて嬉しくない者はいないのです！

褒め方は、明るく褒める。大きい声で褒める。自分のことのように喜んで褒める。結果も褒めますが、頑張ったプロセスも褒めてやって下さい。できて当たり前のことも、「その通り」、「それでいいんだ」というように「保証」と「確認」のために褒めます。

人間を駄目にすることは簡単です。「ゴマをすって」、「ご機嫌を取って」、「へつらい」を続ければ、自分は「何者」かであるように錯覚します。当人の実態が「何者でもない」以上、世間で通用するはずはないでしょう。慢心した子どもは、自分が通用せず、相手にされなかったとしたら、世間から拒絶されたと錯覚します。新型うつ病の患者が世間から逃避して、背を向けるのはその時です。しかも、「負荷」に耐える訓練を経ていない若者たちは、問題の原因が自分の実力不足にあると思わないで、自分を評価しない世間が悪いと責めるのです。それゆえ、ますます彼らは孤立します。新型うつ病は病気ではありません。教育の失敗の結果です。世間で生きていくだけの実力がついていず、自我が弱いのです。治療原理は単純で簡単です。弱い人間は、鍛えて強くするのが教育学の常識です（＊1）。

それゆえ、どんな場面であれ、辛いことに耐え、一人で頑張ったときは、声を大にして、絶賛してやって下さい。たとえ、失敗したとしても、保護者の賞賛で子どもの挑戦は報われるのです。それが「さじ加減」です。「褒めること」と「叱ること」のさじ加減が一番大事です。古人は、「可愛くば、五つ教えて三つ褒め、二つ叱って良き人と為せ」と言っています。褒めることを多めにすることがポイントです。

（＊1）拙著『「心の危機」の処方箋』日本地域社会研究所　平成26年　p．63

15

「応援」と「保護」は違います！

鍛えるとは困難に立ち向かわせることです。だから、応援は不可欠です。一方、「保護」とは、子どもを困難から守ることです。それゆえ、時に、困難から「逃げる」ことを教えることになります。鍛えられた子どもは修羅場に強くなります。困難を体験して抵抗力が育っていれば、失敗や屈辱をバネにして成長のチャンスにします。常に守られて育ち、戦ったことのない子どもは、抵抗力が育たず、逆境に弱くなります。

「応援」と「保護」は違います！　鍛えるために応援は不可欠ですが、「保護」は、時に、困難から「逃げる」ことを教えることになります。守られた子どもは、逆境に弱くなります。逆に、鍛えられた子どもは修羅場に強くなります。困難を体験して耐性が育っていれば、失敗や屈辱をバネにして成長のチャンスにします。昔から、「辛さに耐えて、丈夫に育つ」と言い、「艱難汝を玉にす」と言います。多くの成功者は失敗や屈辱に育てられてきたのです。

常に守られた子どもは、「欲求不満」から救われています。もちろん、極度の欲求不満から逃れることは悪いことではありません。しかし、いつも「不満状態」から逃げさせていれば、間違いなく「ストレス耐性」が低くなります。

人間の不思議は、ストレスに耐えるから「ストレス耐性」がつくのです。「ストレス耐性」が低い時、困難はより困難の度合いを増します。人生の思い通りにならない状況に耐えられないのは、「がまんする」訓練が足りないからです。

対策は簡単です。小さな困難、ほどほどの失敗や挫折を体験させておくことです。人生の困難は精神のワクチンの働きをします。筆者は、「困難菌」と呼んできました。「困難菌」は、精神の予防注射に必要なのです。困難に慣れることは、子どもの「抵抗力」＝「ストレス耐性」を育てることに通じているのです。「若い時の苦労は買ってでもさせよ」というのはそのためです。

それゆえ、褒めて、鍛えることは幼少期から始めなければなりません。力をつけてやるためには、子どもに挑戦を奨励し、「君ならできるよ」と「応援」のメッセージから始めるのです。未だ未熟で、成長期にある子どもは色々な失敗をします。挑戦に失敗はつきものです。それらの失敗が人生の肥やしになるのです。過保護の危険は、子どもを欲求不満からも守りますが、失敗からも守ってしまうことです。昔から、「子どもの走る坂道の小石まで拾うな」と言います。「大きな石」は事前に拾っておくのです。取り返しのつかない人生の事故や事件に繋がりかねないからです。しかし、小石は置いておきなさいという知恵です。躓いても、擦りむいても、人生の大事件にはなりません。子どもは小さな失敗を積み重ねて、強く、注意深く、大きくなっていくのです。

子どもの挑戦の過程で、失敗がまったく起こらないことも、失敗をまったく叱らないことも不可能でしょう。失敗は失敗ですから、叱っていいのです。しかし、それでも「よく挑戦した」、「よく頑張った」と褒めてやって下さい。誰でも失敗や挫折が嬉しいはずはありませんが、そのプロセスを褒めてもらえば、傷は浅くて済むのです。

挑戦の結果が思ったようにいかなければ、子どもを意気消沈させます。大人でも同じでしょう。この時、失敗で子どもが潰れるのは、結果だけにこだわり、保護者が自分のメンツにこだわるからです。

現代、幼い頃から、流行りの「自尊感情」とか「自己肯定感」を刷り込まれてきた子どもは、実力がないのにプライドだけが高いことがあります。鍛えられた裏付けのない自尊は危ういのです。自尊感情や自己肯定感を育てることは、大事なことですが、同時に、難しいさじ加減を必要とします。実力がついていないのに、プライドが高いというのは極めて危険です。褒めながら鍛錬し、鍛錬しながら褒めるというのは、裏付けのある自尊感情を育てる原理です。褒めながら鍛えることは、逃避を予防するためです。プロセスを褒めるといつか結果に繋がるということは、長い人生経験者の知恵です。

鍛錬なき「自尊」は少年の精神を滅ぼすのです。

16

子どもに言ってはならないこと

子どもが修羅場に当面していることが分かる時、「頑張らなくてもいい」、「やりたくないのならやらなくていい」、「勉強だけが人生ではない」！ などと言いたくなります。そういう時は確かにあります。でも、がまんしてください。この時の保護者の応援は何物にも代え難いのです。逃げることを教えたら、子どもの「生きる力」を破壊します。

人生は四苦八苦です。初めの四苦は生老病死です。次の四苦は、第1が愛別《あいべつ》離苦《りく》（愛する者と別れる苦しみ）、第2が怨憎会苦《おんぞうえく》（怨み、憎しみあう苦しみ）、第3が求不得苦《ぐふとくく》（求めているものが得られないことから生じる苦しみ、第4が五蘊盛苦《ごうんじょうく》（執着する苦しみ）である。「五蘊」とは色・受・想・行・識だそうです。

そういう人生を頑張る力なくして、どうして生きていけるでしょうか！　子どもには、義務を果たす前に権利を教えてはなりません。他人のために働くことを教える前に、自己肯定や自尊を教えてもなりません。欲求のコントロールを教え、辛いことでもがまんすることを教えるのがしつけです。「やりたくないのならやらなくていい」とか「勉強だけが人生ではない」とか、言ってやりたい時があります。時と場合により、決して間違いではないからです。しかし、子どもが「逃げ」を見せる時に言ってはなりません。「頑張らなくていい」とは、子どもに人生から逃げる「言い訳」を与えることになるのです。困難や負荷からの「逃避」を許してはなりません。「きつい」といい、「嫌だ」と言う時は、場面を転換してみて下さい。気晴らしに、好きなことや、得意なことをさせて下さい。「好きなこと」は、気分転換になり、子どもを元気にします。また「得意なこと」は楽しいものです。興味があれば上達も速いのです。「好きこそものの上手なれ」です。

　しかし、それが終わったら、またもとの課題に戻すのです。場面転換とは、そのための一時猶予という意味です。気分を変えて再チャレンジさせるのです。ここが保護者の正念場です。

　子どもは、一度「逃げ」を憶えたら、「逃げ」が癖になり、「逃げ」の中毒症にかかります。逃げたら、人生の困難に立ち向かうことは不可能です。「逃げ」は「後ろ向き」です。人生の達人が異口同音に「前向き」に生きろ、というのは、「逃げ」は問題を解決しないと分かっているからです。カウンセラーは、しばしば、落ち込んだ子どもに「頑張れ」と言ってはならないと助言しますが、子どもが当面する問題の本質は、本人が頑張らないことに起因しています。外の力を借りてでも「頑張らざるを得ない状況」をつくってやることが人生の親切と言うものです。カウンセラーも頑張ってカウンセラーになったはずなのです。

17

不登校・引きこもりの第１責任は、基本的トレーニングを怠った家族にあります

基本的トレーニングの中には、「がまんすること」、「義務を引き受けること」、「礼節やマナーを教えること」、「集団生活・共同生活を体験させること」などが含まれます。これらは、子どもが世間に出て行くための「前提条件」だからです。

日本の子育て風土は、子どもが「一番大事」という「子宝の風土」です。しかし、現在、明らかに、子どもを「宝」とする風土の家族にも、虐待、育児放棄、しつけ不在など、養育文化のほころびが見え始めています。文科省が取り上げている「早寝、早起き、朝ご飯」のスローガンは、基本的生活習慣のしつけができていない家庭を象徴しています。このような子育ての基礎中の基礎ができていないということは、家庭の教育力が崩壊しつつあることの証明です。「不登校」や「引きこもり」は、このような家庭の基本トレーニングの不足の延長線上に発生しています。

基本的トレーニングの中には、「がまんすること」、「義務を引き受けること」、礼節やマナーを身につけて「他者と折り合うこと」などが含まれます。子どもが世間に出ていくための「前提条件」です。

「不登校」や「引きこもり」は、上記の「前提条件」を十分に身につけないまま、学校や世間に出てしまった結果に起こる悲劇です。当人たちに、「がまんする能力」が欠けていれば、「思い通りにならない」ことは、すべて「困難」

に転化します。「礼節」を弁えていなければ、必ず他人とぶつかります。礼節や「コミュニケーション能力」が不十分であれば、「集団生活」にも、仲間との「共同」にもうまく適応できません。また、甘やかされて育った子どもが、世間は自分の思い通りになると錯覚したら、思い通りにならない人生はストレスの極致になることでしょう。

結果的に、周囲との摩擦を引き起こし、自分が傷つきます。自分が傷つけば、自分を傷つけるような世間を怖がり、世間に出ることができなくなるのです。不登校やひきこもりは、共同生活に適応できない失敗の結果です。原因は基本トレーニングの欠損ですから、子ども本人を鍛えない限り、根本的な解決策はありません。だから長引くのです。

社会に生きて、しかも社会に出られないということは、当人はもとより、家族や関係者を長きにわたって苦しめることになります。もちろん、問題の第1責任は、基本的トレーニングに失敗した家族にあります。

この問題の参考文献を読んでいくと、「家族に責任はない」と言う人がいます。責任は「子ども中心の育児法」にある（＊）、のだから、安易に家族を責めるなと言う論者もいました。しかし、考えて見て下さい。論者の指摘通り、「子ども中心の育児法」は間違いですが、そもそもそのまちがった「育児法」を選択したのは家族なのです。論者はこの1点を忘れているのです。

子ども中心の育児法とは、子どもの欲求を優先するということです。不登校や引きこもりを発症している家族は、子どもの欲求の充足を優先し、基本的生活習慣や規範のトレーニングを後回しにしているのです。子どもの言いなりになれば、トレーニングはできません。トレーニングとは、心身に「負荷」をかけることであり、子どもは「負荷」を嫌うからです。結果的に、子どもは「がまんすること」も、「義務を果たし」、「規範を守る」ことも学びません。

換言すれば、世間に出ていくための自立の訓練にしくじったのです。子どもの学校生活や仲間内の共同は、初歩的で簡単なものです。この段階で躓いていたら、彼らが成長して、自分で稼がなければならない年齢に達した時、さらに厳しい職業上のルールや義務に直面します。それゆえ、後に発生するニートやフリーターの根本原因も幼少期に発生しているのです。最大の問題は「耐性」の不足です。不登校・引きこもりなど子どもが世間への適応に失敗する責任は家族にあります。

（＊1）國米欣明『その子育ては科学的に間違っています』河出書房新社　2010年　p．286

18

「正しいひきこもり」はあるか？

人生の困難に直面した時、究極的には、「戦う」か、「逃げる」かしかない状況は確かにあります。筆者自身も状況に太刀打ちできなければ、「逃げる」ことを選択します。「三十六計逃げるに如かず」です。「欲求不満耐性」を提案した心理学者ローゼンツバイクも「自我防衛」（＊1）という概念によって、自分を越えている問題からは逃げるしかない、と言っています。それゆえ、筆者も「逃避」を否定するつもりはありません。

人生はさまざまな困難に満ちています。

想定外の困難に直面した時、究極的には、「戦う」か、「逃げる」かしかない状況は確かにあるだろうと思います。筆者自身も状況に太刀打ちできなければ、「逃げる」ことを選択します。「三十六計逃げるに如かず」です。「場面逃避」は、生き抜く方法の一つです。

「欲求不満耐性」を提案した心理学者ローゼンツバイクも「自我防衛」（＊1）という概念によって、自分を越えている問題からは逃げるしかない、と言っています。

それゆえ、筆者も「逃避」を否定するつもりはありません。事と次第によっては、「正しいひきこもり」もあるのです。心の危機から緊急に「逃避」・「避難」することの効用は確かにあるのです。

芹沢俊介氏は、「自我が自在性を失った状態が長くか、繰り返し続き、その状態をこれ以上に続けていたら、自分が自分でなくなってしまう、自分が壊れてしまう、そう感じた時、人は引きこもるのではないでしょうか」（＊2）、と言っています。それを「引きこもる情熱」と呼んで、「正しいひきこもり」であると診断しています。

適応原理から考えれば、確かに、本人の存在を左右するような「緊急避難」はあり得ます。しかし、一般論として、世間や人生が自分の思い通りにならないから、「自分が自分でなくなり、自分が壊れてしまう」などとは、緊急避難の前提が間違っているのではないでしょうか！　古今東西、人間の共同生活において、そもそも、自分の思い通りになる人生や世間が存在したことはありません。みんな頑張って、適応しているのです。

したがって、自分の思うような人生でなければ、自分が壊れるなどという甘い認識がそもそも間違っているのです！　横湯園子氏は、「正常な自己愛は大事である」と言っていますが、「正常な」を想定する裏側には、「正常でない」自己愛もあるということでしょう（＊3）。

「緊急避難のためのひきこもり」論のキーワードは、「自分らしさ」を守るということです。常識的に「自分らしさ」とは、「自分が願う通りの自分でいられる状態」のことです。この時、「自分の思い通りの自分でいたい」とは、単に「我」が強いことであり、「慾」が深いことにほかなりません。どの書物も、どの人も、古今東西、人生も世間も自分の思い通りにはならない、と言っているのです。

人間は、社会生活・共同生活において、自分の思い通りの自分でいられるはずはないのです。青木道忠氏は、「安心感」、「自己効力感」、「自己肯定感」が大事であると指摘しています。「ありのままの自分が理解され受け止められようとしている」、「愛され、尊敬されている」、「人に頼りにされ、人の役に立てているまんざらでもない自分」を培うことが重要と指摘しています（＊4）。それはその通りだと思いますが、これらの条件は、鍛錬に耐えた結果として生まれるのです。「ヘナヘナで」、「礼儀知らず」の「うぬぼれ」が、他者の尊敬や信頼を得られるはずはないじゃないですか！　専門家までが、そんな単純な事実がなぜ分からないのでしょうか？

不登校や引きこもりは、人生が思い通りになるかのように甘やかして育ててきた結果に発症する現象です！

誰もが思い通りにならぬ人生や世間と折り合いをつけて生きているのです。それが「適応」であり、「適応」の根底には、気に入らない条件に耐え抜く「がまんする力・耐性」があるのです。

（＊1）＊ソウル・ローゼンツバイク（Rosenzweig, S.）

1945年に、欲求不満に耐える力を「欲求不満耐性（フラストレーション・トレランス）」として提唱しました。彼は、「不満の原因」と「不満からの防衛」という2つの視点で人間行動を分析しました。原因分析は、誰の責任で不満が生じているかという「攻撃する相手を特定する」ため3つの「方向」に分けました。第1は、他者の責任をせめる「他責」型、第2は、自分の責任だとする「自責」型、第3は、誰のせいでもないとする「無責」型です。

次に、「不満からの防衛」は、人間の「防衛姿勢」を3つに分けました。第1は、原因追求を優先する「障害優位」、第2は、ひたすら自身を守ろうとする「自我防衛」、第3は、何としても欲求を実現したいという「要求固執」の3つです。これらを相互に組み合わせて、主として9タイプの欲求不満への「対処性格」を提案したのです。

（＊2）芹沢俊介『引きこもるという情熱』雲母書房　2002年　p．44

（＊3）横湯園子『引きこもりからの出発』岩波書店　2006年　p．173

である。正常な場合、自分の言動が批判されてもその批判が公正で悪意がなければ、落ち込みはあっても腹を立てない。自分の中で自分の感情を吟味するようになる。（傍線は引用者）

（＊4）青木道忠『ひきこもる人と歩む』青木、高垣、関山、藤本編著、新日本出版社　p．123～124

19

世間は世間、うちはうち

どの子も親を自慢したいのです。どの子も親を尊敬したいのです。幼少年期はそういう年頃なのです。だから、親も祖父母も生きる姿勢をはっきりと示して下さい。子どもはそういう大人に憧れ、そういう大人の胸を借りて人生を学んでいくのです。憧れの原点は尊敬にあります。憧れとは、「尊敬する人」のようになりたいということです。

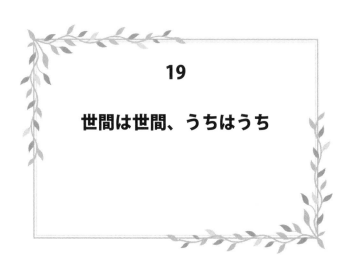

憧れは「りっしんべん」に「わらべ」と書きます。漢字文化圏の人々は、幼少年期の特徴を憧れと捉えていたのです。正しく慧眼です。憧れの人は高いところにいて、遠いところにいます。「到底あの人には及ばない」、と分かっています。子どもの力では届かないから、余計、憧れの思いが増すのです。「あの人には及ばない」。「あの人には届かない」という思いを「心理的距離」と言います。それゆえ、心理的距離は尊敬の基本です。憧れは、「尊敬」と「心理的距離」の上に成り立つと言ってもいいでしょう。

子どもの憧れは、「真似」に出ます。言動が憧れの人に似てくるのです。心理学では、尊敬を背景とする真似を「同一視」と言います。「自分」は「尊敬する人」と同じようでありたいと願って、真似をするのです。父さんのようになりたい子どもは父さんの真似をします。母さんのようになりたい子どもは母さんの真似をします。父母への「尊敬」が大事なのは、尊敬こそが「心理的距離」の源だからです。尊敬とは、自分とその人が「対等」ではないという意味です。「尊敬している相手」は「偉い人」で「すごい人」です。尊敬の対象が自分と対等であるはずはないのです！　対等だったら「心理的距離」はできません！　それゆえ、親も祖父母も、子どもとの心理的距離を保って、友だちになってはならないのです。「親しき仲にも礼儀あり」です。

もちろん、子どもは、尊敬の対象を正確に理解するわけではありません。また、すべての保護者や指導者が尊敬の対象になるわけでもありません。それゆえ、どの社会でも、「尊敬」の対象は礼節や儀式によって、決められ、守られているのです。保護者や指導者に対する言葉使いやあいさつや席次が大事なのは、そうした方々を「尊敬」の対象とするという文化であり、社会的儀式なのです。

日々の暮らしにおいて、子どもに、母を侮辱するような言葉使いを許してはなりません。父や先生を無視する態度を許してもなりません。

逆に、子どもと友だちのように接する先生がいたら、必ず抗議して、文句を言って下さい。師弟が対等の関係で、子どもの嫌がる指導はできないからです。

現代の保護者や指導者が、指導に失敗するのは、子どもと「友だち」になるからです。「友だち」は対等で、尊敬の念は薄れます。対等の者からあれこれ指図されるのは、子どもでなくても嫌でしょう！

社会は、保護者が子どもより「偉い」と決めています。保護者の庇護の下に子どもは生きているのです。「両親を敬え」という道徳律は、親が子どもの「庇護者」であるという現実を踏まえて、長く人間社会に守られてきたのです。だから、保護者が、「さじ加減」を考慮して、携帯も、小遣いも、手伝いも、外食も、あいさつも、時間管理も、子どもの日常について、「わが家流」のルールや義務を決めて下さい。

子どもは、自分の暮らしを友だちと比較して、揺れます。友だちも自慢します。だから、友だちに合わせようとします。仲間からの圧力もきます（＊）。きっと、「みんなもそうしている」と言うでしょう。しかし、「世間は世間、うちはうちだ」と言って下さい。保護者がブレないためには、昔なら「家訓」を床の間にかけておくところです。今では、床の間も、家訓も遠くなりました。だから、両親が相談して基本方針を決めて、子どもに伝えて下さい。原則は、

「うちはうち」です。多少の反抗はあるでしょうが、「うちはうち」の姿勢を守り通すブレない保護者を子どもは尊敬するのです。

保護者がブレなければ、子どもは安心します。保護者への尊敬も生まれます。そして子どももブレないようになっていくのです。

（＊）仲間内の同調圧力はピア・プレッシャー（Peer Pressure）と呼ばれます。「みんなそうしているのだから、お前もそうしろ」という圧力です。少年たちが群れるギャング・エイジと呼ばれる時期から思春期頃にかけて一段と強くなります。集団の「和」を大事にする日本社会では大人の集団でも起こりやすい現象です。いじめるつもりはなかったのに、いじめる側に組みしないといじめられるので、仕方なくいじめたというのもこの現象です。ここもさじ加減ですが、加害者にならず、被害者にもならないためには、子どもは子どもなりに主張を持ち、スタイルを持つことです。自分を守るためには協調と自立のバランスが大事になります。この時、保護者の方針は子どもの方針になります。その方針がしっかりしていれば、右往左往しなくて済むのです。

20

人間の特性は「快楽原則」です

私たち人間は、「快」を求め、「不快」を避けようとします。「苦労」より「楽」を求めます。また、日々の暮らしでは、「面白い」ことを先にして、「面白くない」ことは後回しにします。ところが、世間も人生もそうは問屋が卸しません。人生は必然的に「がまんすること」を要求するのです。それゆえ、「快楽原則」に対応する裏側は「耐性」です。

生き物の特性は、心理学者フロイトの言う「快楽原則」（＊1）です。あらゆる生き物は「快」と「楽」を求めて生きています。なかんずく、人間の慾はその典型です。私たちは「快」を求め、「不快」を避けようとします。気持ちのいい方が良いに決まっているからです。「苦労」より「楽」を求めます。楽な方がいいに決まっているからです。また、日々の暮らしは、「面白い」方が「面白くない」より良いに決まっているので、エンタメに流されます。「快楽原則」とは、心理学者フロイトが見抜いた人間の特性です。

ところが、世間も人生もそうは問屋が卸しません。気に入らないことも気に入らない人も多いのが実態です。それゆえ、快楽を求めて生きたいのに、逆の苦労や不快や面白くないことが往々にして起こります。それらに耐えることができなければ、世間からも人生からも逃げ出すしかありません。それゆえ、人間は、思い通りにならない人生に「適応」しようとします。自分の慾を自制するか、先延ばしすることを、フロイトは「現実原則」と呼びました。状況に適応できなければ生きられないからです。現実原則の中身は、「耐性」と「適応力」です。「耐性」とは「抵抗力」のことで、「適応力」とは「協調性」のことです。思うようにならない人生は、必然的に、欲を抑えて、「がまん」し、環境を受け入れなければならないのです。

子どもの逸脱行動の大半は、「快楽原則」のままに突っ走ることが原因です。欲のままに突っ走れば、世間と人生の壁が立ちはだかります。それでも、ルールを無視して非行や犯罪に走る者は、逸脱者です。一方、世間と人生の壁に跳ね返される人々がいます。その多くは現実からの逃避者です。不登校も、引きこもりも新型うつ病も、その大部分は、現実状況からの「逃避」が原因です。

生きていれば、不快の要因も、苦労の要因も沢山あります。自分の思うようにならないのは、人生の「前提」です。それゆえ、「様々な不快の要因」は、逸脱・逃避の「誘因」(きっかけ)であっても、「原因」ではありません。原因は、不快に耐える耐性が欠如していて、抵抗力が弱いということです。不快の要因を突破できる耐性と適応力を鍛えれば、人生は一変します。

家族も専門家の多くも、誘因ばかりにとらわれて、原因と解決法を原理的に考えていません。なぜ、少年の犯罪の処罰を甘くするのでしょうか？　特に、初回の処罰から学んでいない、再犯者を許してはならないのです。

また、なぜ、がまんのできない子どもを鍛えずに、やさしさが大事で、当人の意に寄り添うことが大事で、居場所が大事だなどと言い続けているのでしょうか？　それで5年も10年も引きこもりが続いてどうするのでしょうか？

人生のあらゆる場面で、「がまん」は大事なのです。がまんは、鍛錬によって作られ、鍛錬とは心身に負荷をかけることです。「負荷をかける」とは、「ストレスを課す」と同じ意味です。近年、ストレスを受け入れて、積極的にがまんする人は、人生の幸福を得られるという研究結果が出ました。

すでに、紹介したように、ストレスを受け容れて、ストレスに耐え切れば、「より幸福」になり、「より健康的」になり、「より生産的」になれる、とイェール大学のストレス効果の研究が証明しました!!　筆者は、ストレスの研究者ではありませんが、76年の人生の経験則は、研究結果と同じです。

人の世の困難に耐えて、前向きにがんばれば、必ず誰かが褒めてくれます。

また、自分もがんばり甲斐を感じることができるのです（＊2）。だから、子どもには「がんばる」ことを教えて下さい。これもまた、76年の人生の経験則に合致します。

（＊1）フロイトは、人間の特性を「快楽原則」とする一方、環境や状況を踏まえた「未来への適応」を考慮して、「快楽」追求の欲求を延期するという「現実原則」を重視しました。「現実」を考慮して、「慾」を自制するという能力こそが「社会的自我」を形成するとしました。要するに、人間は慾で生きているが、慾を「がまん」しないと、人生に失敗すると言ったのです。

（＊2）頑張ったことに価値を見出すという人間の性情は、「認知的不協和」（L．フェスティンガー）という理論で証明されました。ご参照ください。

21

「気」は伝染する
―非言語的コミュニケーションの重要性

子どもの指導にあたって、褒めるときはもちろん、叱るときでも、明るく、陽気にいきましょう。特に、叱る時は、すぱっと叱って、後は忘れることです。指導する者が元気・明朗であれば、気は伝染して、子どもを元気するのです。

人間は言葉以外で多くのコミュニケーションをします。非言語的コミュニケーションと呼ばれます。表情、声の明るさ、仕草、接触などが主なものです。特に、子どもに対しては、態度で示すことが、言葉以上に大事です。

言葉は主に意味を伝えますが、態度や仕草は「気」を伝えます。「気」は精神のあり方を示すものです。人間のエネルギーは「気」に出ます。「気」は自分にとっても相手にとっても、時に人生を決定づけるほどに重要です。褒めるときも、叱る時も、授業でも講演でも、「気」の抜けた態度では伝えたい思いが相手に伝わらないものです。「あいつは本気なのか？」、「やる気はあるのか？」と思われるからです。

「気」は先ず顔に出ます。だから、笑顔が大事なのです。

笑顔の中でも「目」が一番大事です。相手の眼を見て、どういう目で話しかけるかが大事です。昔から、「目は口ほどにものを言い」と言われるくらいです。「あの人の目が笑っていない」などと言われる人は、普通、怖い人なのです。

次に、「気」は声に出ます。明るい声、大きな声、はっきりとした声が、「元気」・「明朗」を表わします。反対は「蚊の鳴くような声」、「暗い声」、「口ごもってぐずぐずしている声」などです。「やる気のない、消極的な態度」を印象づけることになってしまうのです。それゆえ、「滑舌」が大事で、役者さんや講演者は、発声練習を欠かさないのです。

最後は、姿勢でしょう。姿勢は、「気」や態度の「入れ物」です。背中を伸ばして、顔を上げて、きびきびした姿勢が、「明るさ」や「元気」を象徴します。きびきびした動きは、「前向き」・「やる気」の印です。

一番大事なことは、「気」は「伝染する」ということです。指導者の「気」が集団の意欲や希望を決定します。リーダーの元気は、集団を前向きにも、後ろ向きにも引っ張るのです。子どもの指導にあたっては、褒めるときはもちろん、叱るときでも、明るく、陽気にいきましょう。元気な態度を心掛け、お互いの雰囲気や人間関係がじめじめした「後ろ向き」にならないよう心掛けることが大切です。

特に、叱らなければならない時でも、すぱっと叱って、後は忘れることです。「気」は集団の雰囲気をつくります。社会心理学では、「社会的風土」をつくるといいます。気は周りに伝染します。明るい親のいる家庭は明るくなり、明るい先生のいるクラスが明るくなるのはそのためです。子どもは、もちろん、個々の指導によっても成長しますが、彼らが帰属する家庭や集団の社会的風土によって、それ以上に大きく「感化」を受けるのです。「みんなそうする、だから僕もそうする」というように「集団の圧力」（＊1）を受けて、学ぶのです。環境論的には「感化」（＊2）と呼び、学習論的には「同調行動」（＊3）と言われます。働き者の親の下に勤勉な子どもが育ち、明るい親の下に明るい子どもが育つのはそのためです。前向きの指導者の下で前向きの子どもが育つのは当然なのです。

（＊1）集団には多数派の言動に合わせるよう働きかける圧力があることを言います。集団圧力に従うことは、流行のように「流される」場合もあり、「集団の空気を読む」というように、積極的に合わせる場合もあります。メンバーを全体の秩序やルールに従わせる心理状況のことです。

（＊2）英語は「Contagion 感染」です。他者の考え方や行動に影響を受けて（与えて）、似たような行動・考え方に変わって（変えて）いくことを言います。かつて、児童自立支援施設は、教護・教導を目的として「感化院」と呼ばれていました。

（＊3）他者の言動に合わせることを言います。集団の場合は、「無言の圧力」とか「空気を読め」といい、みんなに自分を合わせることです。

22

どんな子どもに育てたいのか？

「どんな子どもに育って欲しい」のか、自分の中に理想の「子ども像」があると、それが普段の指導基準に深く関係します。

保護者が抱いている子ども像は、子どもとの「コミュニケーション」のカギになります。もちろん、褒めることの「基準」になり、叱ることの基準にもなります。

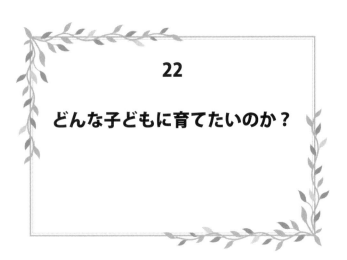

子育てにはモデルとイメージが大切です。桃太郎のように「気はやさしくて力持ち」というような漠然としたものでもいいのです。「どんな子どもに育って欲しい」のか、自分の中に理想の子ども像があると、それが普段の指導基準に深く関係します。当然、自分の言動にも影響し、自分を律する基準になります。

桃太郎像がモデルになれば、やさしさや共感を大事にし、運動能力や体力の向上に関心が向くことでしょう。

子どもは褒めたり、叱ったり、さじ加減を工夫しながら育てることが秘訣ですが、ではどういう時に褒めて、何を叱るのでしょうか？　子ども像はその基準を示します。

育って欲しい子ども像に照らして、言動の基準が決まります。子ども像はモデルですから、「観察」の基準となり、子どもとの「コミュニケーション」のカギになります。もちろん、褒めることの「基準」になり、叱ることの基準にもなります。

褒めることの基準を意識することは、保護者自身がブレない自分を意識することです。言動の基準をハッキリさせていれば、指導上の不安が少なくなり、情緒が安定し、公平が生まれます。気分でものを言わなくなり、好き嫌いでものを言わなくなります。

モデルとする「子ども像」があれば、その基準について、常に、子どもに語ってやることが大事です。身体に滲みていくように、機会あるごとに語るのです。そして日常の「観察」を続け、どんな小さなことでも、基準に見合っていれば褒めるのです。最初から、大きく子どもの言動を変えようとしても、中々うまくいくものではありません。だから、小さなことを見つけて小さなことから褒めるのです。

褒められた方はそんなところまで見ていてくれるのかと思うことでしょう。もちろん、こっそり本人だけを褒めることもあるでしょうし、みんなの前で褒めることもあるでしょう。どちらも大事なコミュニケーションになります。

養育者の基準が明確になっていれば、指導がブレなくなり、子どもは保護者が何を期待しているか、推測できるようになります。それゆえ、進んで保護者の期待に応えるようになるのです。

モデルが明確であれば、言動の基準も明確になります。結果を褒めるにしても、行為、言動を褒めるにしても、勇気や努力や遠慮や心配りを褒めるにしても、姿勢や見た目を褒めるにしても、具体的な中身がハッキリします。

もちろん、本人が褒めてもらいたいと思っているところを見つけて褒めることがコミュニケーションの核心です。常日頃から、親や指導者が、子ども像を語り、その基準を語っていれば、親の思いは子に滲みていきます。

本人だけを褒める時は、「君を見ているよ」というメッセージが伝わります。みんなの前で褒める時は、指導者が全員に「期待している基準」が伝わります。コミュニケーションの手段は、言葉だけではないと書きましたが、褒めるにしても、叱るにしても、保護者の態度や表情が大事です。わがことのように喜び、わがことのように悲しんで伝えることが大事です。タイミングも、仕草や表情も大事です。もちろん、どんな言葉で褒めるか、語彙も大事になります。そんなに、色々注文付けられても素人にできるか、とお考えでしょうが、意識して練習し、試行錯誤を繰り返すうちに必ず上手になります。要は、相手にきちんと伝えようという姿勢を持ち続けることが大事です。子ども像は、あなたの指導の「基準」と「観察」と「コミュニケーション」の意識に繋がっています。自分なりの「子ども像」を持つことで、保護者も向上するのです。子どもに期待する以上、その期待は自分にも跳ね返ってくるのです。「子育て」で「親育ち」と、人々が言ってきたのはそういうことです。

23

幼少期に「憧れの人」を見つけられるのは一番の幸運です

子どもには、理想を語り、偉人を語り、憧れの人を語って下さい。親も祖父母も、自分たちの尊敬する人物を語って下さい。人生で「憧れた人」を語って下さい。なぜその人に憧れたのかについても語って下さい。何度も、何度も語って下さい。幼少期に「憧れの人」を見つけられるのは一番の幸運なのです。

物心ついた子どもは、「つもり」発想が得意です。「ままごと遊び」の原点は「つもり」発想です。お父さんになったつもりで遊びます。英雄になったつもりも、物語の主人公になった「つもり」も得意です。

子どもに憧れの人がいれば、「その人」のようになりたい、と夢見ています。空想が空想のままに終わることもありますが、空想を現実に近づけようとすることもあります。

自分が自分を教育する自己教育の場合、「あの人のようになりたい」と考えることが出発点です。自分を「憧れの人」に近づけようとして、模倣し始めることは一層大事です。

もちろん、「あの人」とは、尊敬の対象で、理想のモデルです。モデルは身近な両親や先生の場合もあります。親や教師に対する礼節と尊敬を教えることが大事なのは、親や教師が子どもの憧れとなり、同一視（＊1）の対象になり得るからです。「母さんのようになりたい」と思い始めた娘は、母の一挙手一投足を模倣します。モデルに対する「尊敬」があれば、教えなくてもそうなるのです。

モデルは、物語や歴史の中の人物であることもあります。世界中の教科書にその国の偉人が載っているのは、それぞれの文化が子どもたちに成長のモデルを提示しているのです。諸国が歴史教育を重視し、中でも偉人伝を重視しているのは、成長の目標を与えるためです。「憧れの人」を見つけた子どもは周りが何も言わなくてもその人の特性に近づこうと努力します。このような学び方を「同一視」と呼びます。自分を憧れの人に投影して、自分もその人と同じようでありたい、という願いがエネルギーになる学び方です。

漢字で「憧れ」は「りっしんべん」に「わらべ」と書きます。漢字文化は、子どもが憧れの対象を「同一視」して、自分自身を教育するということを知っていたのだと思われます。身の回りでもスポーツの花形選手に憧れたり、宇宙飛行士や映画俳優に憧れたりする子どもをご存知でしょう。メディアが映し出す時代のスター達は、同一視によって成長のモデルになっていくのです。

（＊）精神分析の用語。自分を他者に投影して「同じ」であると感じたり、考えたりすること。教育学的には、憧れの対象と同じようでありたいと願う願望をいう。多くの場合、その人になった「つもり」で行動することをいう。英語はProjective Identification、１９４６年、メラニー・クラインによる概念化。

24

全家族が声を上げて放課後の子どもを守ろう

法律上、学童保育は「放課後児童健全育成事業」と呼ばれます（児童福祉法第６条）。放課後の子どもを対象にするのですから、目的は、社会教育であり、家庭教育支援であり、子ども会と何ら変わりません。しかし、現行の「学童」に「健全育成プログラム」はありません。狭い空間に子どもを閉じ込めて、数人の指導員がお守りをしているだけです。

図書室や音楽室や調理室まで、豊かな教育資源を有する学校は、同じ学校の子どもなのにそっぽを向いています。学校の管轄は文部科学省、学童保育の管轄は厚生労働省です。同じ学校の子どもなのに、行政の管轄が違うというだけで、そっぽを向けるというのは「どういう教育者」でしょうか！　全家族で声を上げて下さい。「放課後の学童保育は、『保教育』（＊1）にして、『全児童対象にせよ』」、そして「学校の資源も放課後の子どもに開放せよ」と……。女性の社会進出を呼びかけながら、政治も行政も一体何を考えているのでしょうか？

学童保育は法律上「健全育成プログラム」を謳っています。しかし、実際の大部分は、厚労省が言うことにはほど遠く、「閉じ込めたお守り」しかやっていません（＊2）。

一方、社会教育が担当してきた地域子ども会は衰退の一途を辿っています。社会教育行政の停滞、少子化、共働き家庭の増加、他人の干渉を嫌う「自子中」など原因は複数あります。それゆえ、今の日本社会の放課後に健全育成プログラムはないに等しいのです。社会で行なわれる教育は、国民が自由に選ぶ「生涯学習」でいいのだという政策が続く限り、この傾向は今後も続きます。

現在、家族形成期にある女性の7割が共働きで、仕事についています。それゆえ、7割の家庭の子どもは、放課後、親の監督・指導が不十分になると考えざるを得ません。放課後の子どもの居場所・活動場所が不可欠になるのはそのためです。地域によって準備状況が異なりますが、共働き家庭の子どもの大部分は学童保育にいます。残りの3割の家庭の子どもは、親が共働きではないので、現行の法律では、「学童クラブ」に入れてもらえません。全児童を対象とする事業（文科省）も始まりましたが、ここでも厚労省の事業と一体化されず、プログラムの中身も頻度も貧しいのが実態です。それゆえ、保護者は、放課後の空白から、わが子を守ろうとします。多くの親は、自衛して、習い事やお稽古ごとをさせています。家庭の教育費が膨らむのはそのためであり、地域に子どもがいないのもそのためです。結果的に、次の子どもを産みたいと思えないのも、放課後の教育力が空白だからです。

女性にしか出産能力がなく、その女性に社会に参画することを期待するのであれば、政治も行政も、女性に代わって、社会が一部子育てを引き受ける仕組みを提供する義務があります。それを「養育の社会化」といいます。介護の社会化と発想は同じです。家族に様々な無理が生じている現在、家庭に代わって、社会が教育を行ない、介護を行なうということです。

もちろん、「養育」には、保育と教育の両方が不可欠です。それが「保教育」です。個々の家庭の「養育」には当然両方があるのですが、日本の女性の社会参画を支援する制度には「保育」しかありません。だから、多くの親が子どもの成長や発達は大丈夫か、と不安に思っているのです。「真っ当に育つだろうか」という不安こそが学童に入れながら、習い事や塾に行かせている背景です。幼児期から家庭の教育費が高騰して、エンジェル係数（＊3）が高いのも、保護者の不安の結果です。当面の解決策は、公的「保育」に「教育プログラム」を入れて、「保教育」にすることです。しかし、男主導の政治、中央の縦割り行政はこのことを全く理解しません。女性の社会進出が続く限り、従来の地域子どもを会で放課後の子どもを育てる時代は終わったと考えなければなりません。

これからは全児童を対象とした「学童保育」とし、学童保育は、家庭教育を支援する社会教育の一環として発想しなければならないのです。

今のままでは、幼少年期の子どもの発達や成長に十分な環境やプログラムが不足しています。昔から、教育は国家百年の計と言われてきましたが、男女共同参画の時代、「保教育」こそが国家百年の計になったのです。

（＊1）三浦・大島共著『明日の学童保育』日本地域社会研究所　平成25年　p．14

（＊2）１９９７年（平成9年）6月3日「児童福祉法等の一部改正に関する法律」が成立し、学童保育が「放課後児童健全育成事業」として法制化される（6条の3）。この法律で、放課後児童健全育成事業とは、小学校に就学している児童で、その保護者が労働等により昼間家庭にいないものに、授業の終了後に児童厚生施設等の施設を利用して適切な遊び及び生活の場を与えて、その健全な育成を図る事業をいう。

厚労省がいう「健全育成」の想定される中身。

1．放課後児童の健康管理、安全確保、情緒の安定

2. 遊びの活動への意欲と態度の形成
3. 遊びを通しての自主性、社会性、創造性を培うこと
4. 放課後児童の遊びの活動状況の把握と家庭への連絡
5. 家庭や地域での遊びの環境づくりへの支援

（＊3）野村証券が考案した。全生活費の中で子育てにかかる経費の割合をいう。

25

「親ばか」は大事、「自子中」は危うい

親ばかの叱責は子どもの心を傷つけません——親ばかとは子どもと共に喜び、子どもと共に泣くことです。「親ばか」とは、「子どもに夢中」ということです。気持ちが通じていれば、叱ったときの気持ちも通じます。親ばかは「可愛いくても、叱るべき時には泣いて叱る」のです。自子中は可愛いがるだけで、叱るべき時にも、「庇う」のです。「自子中」は「自己中」。自分を先に「庇う」からです。

子どもの喜びを喜びとすれば親の愛が伝わります。逆も同じです。子どもと悲しみを共にできれば、親の気持ちは通じます。だから「親ばか」であることは大事なのです。「親ばか」とは、「子どもに夢中」ということです。気持ちが通じていれば、叱ったときの気持ちも通じます。

親ばかには、希望の子ども像があります。自分の子どもが、自分の夢を叶えて、立派に育つことを願っています。それゆえ、子どものルール違反は叱らなければなりません。育って欲しいような子どもに育って欲しいからです。言って聞かせても分からないようであれば、叩いてでも教えなければなりません。ルール違反は、必ず、子どもの人生を不幸にするからです。親ばかも、「自子中」も自分の子どもに夢中ですが、親ばかが自子中の親と違うのは、親ばかは、子どもの人生を不幸にするようなことはしないという一点です。親ばかは「可愛いからこそ、叱るべき時には泣いて叱る」のです。自子中は可愛いがるだけで、叱るべき時にも、「庇う」のです。「自子中」は「自己中」だから、自分の恥を先に心配するのでしょう。「子どもを庇う」前に、「自分を庇っている」のです。

親バカには子どもに描く理想像があります。親ばかはその理想像を信じています。子の言動が、自分が抱くモデル像の理想に反するときは叱るのです。「お前はそんな子どもではないはずだ！」と信じているからです。

叱る時は、子を思う親の気持ち、子どもの未来への心配を率直に伝えればいいのです。親ばかは、普段から親の「愛」を伝えようとしているから、必ず子どもに伝わります。

「可愛いから、叱る」という一点を忘れたら、叱責が子どもの心に届きません。「泣いて叱る」ということが大事なのは、親の悲しみが伝わるからです。親が本気で怒ったら子どもは「怖がり」ます。突き放されて、親との距離も遠くなると感じることでしょう。小さいときは抱いて叱ればいいのです。

叱ったあと、親は応援団に徹すればいいのです。

親は「保護者」です。子どもの保護が役割です。機能的には、「世話」をし、「指示」をし、必要物品を「授与」し、子どもの気持ちを「受け止める」ことです。これらの機能すべてが応援です。子どもが失敗するときもあります。成果のでないときもあります。友だちとうまくいかないときもあるでしょう。その時こそ、親ばかは子どもの応援団に徹するのです。

応援の三大要素は、「癒し」と「励まし」と「指針の提案」です。少年野球の応援団が「ドンマイ！」、「頑張って！」、「かっ飛ばせ！」と叫ぶのと基本的に変わりはありません。

親ばかはいつも子どもの味方です。「お前なら大丈夫」と言い続けることが親ばかの最大特性です。要は「今はうまくいかなくても」、「いつかはうまくいくようになる」と信じて、言い続けるのが、親ばかです。親が、自分に希望を持ち続けてくれれば、子どもは挑戦を続けられます。応援とは、子どもに挑戦を続けさせるための親の心づくしです。

26

「自子中」をやめないと、子どもは世間とつながれません

「自子中」は「自己中」に繋がっています。自己中は、他者に対する配慮が欠けるので、保護者も世間と繋がることができません。保護者が世間から孤立すれば、子どもも仲間から孤立しがちです。社会的動物である人間が世間（社会）から孤立したらおおかた不幸になります。共同生活に適応できなければ、自分の子どもだけが立派になれるはずはなく、自分の子どもだけが幸せになれるはずもないのです。

人間は世間の中で生きていきます。大人も子どもも、世間と折り合うことができないとおおかた不幸になります。そのために発明されたのが、あいさつや礼節です。みんなと行動を共にしたり、役割を分担したりする「共同」を学ぶと世間で生きるのがさらに楽になります。

幼いときの集団行動が大事なのは、早くから仲間と付き合うことに慣れるためです。幼少期の仲間は、子どもにとって小さな「世間」だからです。この時、ルールを守ることを教えて下さい。ルールは、仲間と諍いや衝突を起こさないためにあります。

「自分さえ良ければいい」という「自己中」も、「自分の子どもさえ良ければいい」という「自子中」も、世間で生きていく上で大きな妨げになります。どの集団でも、自分勝手は嫌われるからです。「自己中」と「自子中」の反対は、「協調」と「共同」です。少しは他者に譲ることを憶え、少しは他者のことを考えることを教えないと子どもは不幸になるのです。不登校や引きこもりの原因の多くが世間と付き合えないことにあることを思えば、ますます「自子中」

は禁物です。現代の日本は、「無縁社会」などと子どもの生きづらい状況になりましたが、それでも、子どもは世間で育ち、世間が育ててくれるとお考えください。繰り返し書きましたが、他者貢献なき自己肯定は、少年を不幸に突き落とすのです。

27

手伝いとは「他者貢献」の訓練

5歳の子には5歳なりの「判断能力」も、「貢献能力」もあります。10歳になれば、さらに多くのことができます。それゆえ、教育には、年相応の教え方があり、年相応の課題の与え方があります。手伝いは家族の義務であり、親への愛の表現です。手伝いのできる子は人生で他者に支えてもらえる子どもになります。

お手伝いは、共同生活の基礎訓練です。家族への義務であり、親への愛でもあります。やがて、世間へ出ていく子どもにとって、「他者貢献」の訓練です。どんな小さなことでも家族の役に立つお手伝いは与えて下さい。発明してでも与えて下さい。

お手伝いの義務をきちんと果たしたら、かならず褒めて、必ずお礼を言って下さい。親はもちろん、第3者からの感謝の言葉や、褒め言葉は、「社会的承認」と呼ばれ、人間が生きていく上で大事な支えになります。社会的承認は、「やり甲斐」や「生き甲斐」の重要条件で、人間に生きる力を与えるのです。手伝いのできる子は、やがて他者を支えることのできる子どもになります。

世間は基本的に「もちつ、もたれつ」です。社会的人間関係は双方向であるという意味です。「他者貢献」のできる子どもは、将来必ず、他者から支えてもらえる子どもになるのです。

28

親の思いも願いも具体的に、何度でも伝えよう

親の思いは、普段から伝え、身に滲みていくよう何回も繰り返して伝えるのです。親の小言は忘れた頃に効いてくるのです。子どもの頃に暗唱した詩歌や格言のように、時間を経て人生の血肉になっていくのです。教育効果には、教わったときと、効き目が出るときの「時差」があるのです。

筆者は教育学者です。子どもを育てている頃は、青少年教育の講義や講演をしていました。だから、万一、子どもがグレたり、反社会的な行動に走ったら、教育学者失格です。「言ってることと、やってることが違うではないか」と言われたら、一言もありません。だから、子どもたちには哀願の思いを込めて頼んだのです。

「お前達が道を外れたらオレは仕事を辞めなければならない」。「お前達も飯の食い上げになる」。「いろいろやってもいいが、グレるな!」、「世の中のルールは守れ」と言いました。もちろん、褒め言葉で、「お前たちがまともでありがたい」とも言いました。頑張ったときは「嬉しい」と言い、だらだら、ぐずぐずしてるときは「心配だ」と言いました。親の気持ちを伝えることは大事なのです。

「人生では、何をめざしてもいい。だけど、社会のルールだけは守れ」と言ったのです。一生懸命言いました。何回も言いました。思いを込めて言いました。「グレるなだろ!」、「分かったよ」、「もう、大丈夫だよ」と、子どもも言い返すようになりました。おそらく、耳にタコができて閉口していたのでしょう。

成人した子どもに聞いてみると、あの頃のことは、「今でも憶えている」そうですから、親の願いは伝わったのだと思います。進路も成績も親の思い通りにはなりません。しかし、がんばりや真面目さなど、人生に対する姿勢は子どもと親の思いが共通になれるのです。子どもが真っ当に育たないことほど親の不幸はありません。普段から、親の思いも願いも、一生懸命、具体的に伝えましょう。子どもは聞いていないようで、聞いているものです。子どもが思い出す頃には、親はもう居ないかもしれません！　それが「教育的時差」です。

29

「個性」より「社会性」を優先して下さい

個人の特性や能力を伸ばすことは、もちろん、大事です。しかし、それ以上にみんなが仲良く暮らす「社会性」を育てることはもっと大事です。本物の個性は放っておいてもやがて出てくるものです。

年をとってみるとよく分かりますが、人生で一番大事なことは、周りの方がたから守られ、周りの方がたを守って暮らすことです。長く生きて、歴史に照らし、周りを見てみるとそのことがよく分かります。身の回りにそういう方がたがいることが、人生の平穏であり、喜びになるのです。

礼節やコミュニケーションのしつけを強調するのはみんなと折り合って、楽しく暮らすためです。人生には大事なものが沢山あります。個人にとっては、能力や特技や、成功や名声などでしょう。これらは、通常、「個性」と呼ばれています。個性を伸ばすことは大事ですが、それ以上にみんなが助け合って、仲良く暮らすことはもっと大事なのです。報道を見ていると、「社会性」が身に付いていない故に、共同生活に失敗した沢山のスター選手や人気役者や政治家がいるでしょう！

年をとってみるとよく分かりますが、人生で一番大事なことは、周りの方がたから守られ、周りの方がたを守って暮らすことです。歴史を学び、長く生きて、周りを見てみるとそのことがよく分かります。身の回りに自分と一緒に歩んでくれる方がたがいることが、人生の平穏であり、喜びになるのです。

それゆえ、しつけは、みんなと仲良く暮らすための基本条件です。もちろん、本人のためのしつけですが、しつけの原点は、他人を不快にしないための配慮です。しつけも教育も、心理学や社会学では、広く「社会化」と呼ばれます

（＊1）。赤ん坊はヒト（ホモ・サピエンス）という生物として生まれます。教育とは、「ヒトの人間化を助けること」です（＊2）。同じ意味ですが、「社会化」とは、「ヒト科の動物」を「人間」にするプロセスです（＊3）。社会化の中身はみんなと共通の価値を教え、周りの人びとに協調する態度を教えるということです。一番の例は、「言葉」です。

それゆえ、「ヒト科の動物」が人間になれるのは、しつけと教育があるからです。家族の教えによって、子どもは共同生活を学び、支え合う人間になっていくのです。「人」という字が、人間が支え合っていることを象徴しているとは、漢字文化圏の歴史の知恵です。「社会化」の中心が「共同」を学ぶことです。言語も、礼節も、共同がうまくいくための手段です。それゆえ、社会化に失敗すると、子どもは、ヒト科の動物の部分を残したまま育ってしまいます。小一プロブレンも、中一プロブレンも、非行も引きこもりも、共同の能力が身に付かず、「ヒト科の動物」を引きずっているからです。「適応」と「自己コントロール」に失敗しているのです。ほんの少数ですが、世界の歴史には、幼少期にしつけを受けられず、人間になれなかった不幸な子どもの例があります。しつけ不十分の「ヒト科の動物」は、獣に似て、欲しいものを欲しがり、ルールには従いません。それゆえ、しつけ不十分の子どもを集団の中に入れると、必ず他人とぶつかり、諍いを起こします。ルールを守れなければ、個人は集団の中で孤立します。

しつけの第1は社会が共有する価値を子どもに教えることです。それが、礼節やルールです。幼少期のしつけは決して難しくありません。子どもはスポンジのように吸収します。みんなが幸せになれないような個人の言動は、厳しく止めてください。それが、本人のためであり、みんなのためでもあります。

繰り返し書いていますが、古今東西、人生と世間は思い通りにはなりません。しつけの原則は、簡単で、明瞭です。子どもが、「やりたくても」、「やってはならないこと」は、やらせてはなりません。また「やりたくなくても」、全体に必要な義務や責任は「やらせなければなりません」。社会化のさじ加減は、一方で個人の欲求を充足させながら、他方で、共同生活に必要な義務や責任を果たさせることです。共同生活上の義務や責任を優先させなければならないことは言うまでもありません。戦後日本は、戦前の反省と反動で、個人の価値を強調し過ぎる傾向があります。しかし、個人を生かしているのは、共同社会です。

最近ようやく、いくつかの自然災害、大震災を経験して、日本人が過去に培った助け合いや絆の共感性が蘇りました。日本文化には存在しなかったボランティア感情も生まれました。これからのしつけには、そのような感情や集団の価値を大事にしていくことが重要です。伝教大師は、ひとり一人が、それぞれに自分のできることをする、ということを「一隅を照らす」と言いました。そのことを踏まえて、ひとり一人が一隅を照らし、その姿勢がみんなに広がれば、国が明るくなるだろう、と言った人がいます。東洋哲学者の安岡正篤です。彼は「一灯照隅・万灯照国」と表現しました。その通りではないでしょうか！

子育てのさじ加減は、個性化と社会化のさじ加減であり、個人の願望と集団の福祉のさじ加減でもあります。

（＊1）「社会化」の第1の担い手は家族です。通常は、しつけと教育が社会化の手段で、共同生活を前提とした社会の構成員たるべき言語、知識、技術、人間関係の態度などを育てます。

（＊2）井口　潔（編著）『ヒトの教育』小学館　2006年　p．17

（＊3）清川輝基『人間になれない子どもたち』エイ出版社　2003年　p．16　人間は〝人間になる〟生き物である。

30

「やせがまん」を教えよう!!

海水浴の「赤い旗」と同じものが人生のそこここにあります。「赤い旗」を立てている時、保護者は子どもに譲ってはなりません。強制してでも、「赤い旗」の向こうに行かせてはなりません。子どもはやがて保護者の手を離れます。それゆえ、子どもには「がまん」は「美しい」と教えて下さい。誰だって「がまんできるもの」は、がまんできます。「がまんできないものをがまんする」ことは、自分の美学です。美学は自分の基準です。

美しいか、美しくないか、見ているのは自分です。自分の美学に殉じてがまんすることを「やせがまん」と言います。

「やせがまん」は、時に、格好をつけて、また時に、見栄を張って、「やりたくてもやらない」、「やりたくなくてもやる」ということです。言い換えれば、己を抑えて、社会の「善」や自分の「美意識」を演じることです。その子にとって「やせがまん」は「美しい」のです。

海水浴に「赤い旗」があるように、人生にも「赤い旗」があります。人生の「赤い旗」の向こうに行こうとする子どもは強制的にでも止めて下さい。「赤い旗」を越えて行くことは危険なルール違反です。例えば、ドラッグ、いじめ、飲酒、喫煙、暴力、万引き、暴走、授業妨害、援助交際などです。この時、指導するものと指導を受けるものの「けじめ」が決定的に大事です。強制は保護者にも、学校にも必要です。小川義男氏は、学校教育法第11条の「体罰」の全面禁止は、原則禁止に改めるべきである」と主張していますが、大賛成です。

少年の逸脱行動は、やがて犯罪に結びつき、他者の権利を侵すことになる危険が大きいからです（＊）。「けじめ」がなければ、子どもは言うことを聞きません。子どもと「友だち」になり、子どもが自分は指導する者と対等であると思うようになったら、保護者でも止められません。「けじめ」とは、「尊敬」であり、「親しき中にも礼儀あり」の「礼儀」です。

道徳の教科化が始まります。きっかけは、大津市でいじめを受けた中学生が自殺した問題だと言われています。それ故、道徳教育はいじめ対策の一つですが、本来の目的は、ルールを守らせ、保護者や指導者に対する礼節を教えることです。相変わらず、日教組は「価値観を押しつけるような教育」をするなと言い始めたようですが、彼らこそが「価値観を押し付ける教育」をやってきたのですから、まさに天につばするようなものでしょう。

教育もしつけも「霊長類ヒト科の動物に対するなんらかの強制」を含んでいます。やるべきことを教え、やってはならないことを止めるのは、原理的に強制です。言葉を飾らずに言えば、ルール違反を懲戒する指導はすべて「押しつけ」です。「しつけ」は仕付け糸で子どもの行動を縫い付けるという「強制」

を含んでいます。

　社会や共同生活を成り立たせるためには、「自由」と「責任」、「思いやり」と「公正」などに反する者は、強制してでも教えるのが当たり前です。

　フロイトが指摘した通り、人間は快楽原則を特性として生まれてきます。快楽原則とは、「欲求の実現」を求めて動くということです。それゆえ、生き物の根本は、自己保存と自己中であり、人間もまたこの原則を免れません。ルールと共同を教えない限り、人間は、「快適なこと」、「楽なこと」、「楽しいこと」だけを求めて行動します。

　それゆえ、快楽追求を本性とする人間が、共同生活を維持し、より良い社会をつくるためには、子どもには、やりたかろうとやりたくなかろうと、社会の「ルール」と「タテマエ」を教えなければなりません。「タテマエ」とは、社会がその成員に求める「共同の姿勢」です。多くの子どもは（恐らくは大人も）、自己欲求を抑え、タテマエに従うことによって、何とか社会生活に適応しているのです。それは、「やせがまんして生きる」ということです。「やせがまん」

とは「無理に平気そうに見せかけてがまんすること」（三省堂国語辞典）です。換言すれば、「やせがまん」とは、時に、格好をつけて、また時に、見栄を張って、社会の「善」や自分の美学に殉じることです。美しいか、美しくないか、見ているのは自分です。子どもはやがて保護者の手を離れます。将来的に、わが子の行動基準は、その子の美学が決定するのです。美学とは、生きる姿勢です。己の欲求を抑え込んで、あるべき自分のように生きることです。それゆえ、社会性・道徳性の教育は「やせがまん」の勧めから始めるということです。

子どもが、最初から、社会が推奨する価値を理解して実践することは、ほとんどあり得ません。保護者の教えを「聞き分けて、振る舞う」ことは理想ですが、「言えば分かる」ということは、多くの場合、教育の「幻想」です。それゆえ、子どもには、くりかえし教え、危険予防の物理的な措置を講じるのです。子どもは他の生物と同じく、元々、自己中です。「快楽原則」で生きようとする人間は　繰り返し教えて、しつけの枠にはめない限り、ルールを守ることも、他者のために生きることもありません。保護者や先生の讃辞や叱責によって徐々に「どう振る舞うべきか」の行動規範を己のうちに取り込んでいくのです。

（＊）小川義男『子ども家畜論』祥伝社　平成19年　p．11「人間になる」のではない、人間にするのだ（同感です！）、p．65　体罰は絶対禁止ではなく原則禁止でいい（これも同感です。ただし、子どもは「家畜」ではなく、「霊長類ヒト科の動物が人間になる過程にあります」）。

31

新種の子どもがでてきた！

鍛錬の裏付けのないへなへなが、大事にされ続ければ、自分は「何様」であろうかとうぬぼれるのは当然です。「プロ教師の会」の諏訪哲二が、現代っ子は「オレ様化している」と言い、臨床心理学者の速水敏彦が「他人を見下す若者たち」と言ったのは、プライドと自尊意識だけが過剰に膨らんだ養育過程の副作用の結果です。

少子化の時代がきて、「自子中」の親の発想は、教育界の主体性論や個性主義の主張とドッキングしました。「わが子が悪いわけはない」とねじ込んでくるモンスター・ペアレンツは「自子中」と「主体性論」のドッキングが生んだ副作用です。

子どもが少ない上に、「子宝の風土」の子ども第1主義と、子どもの意志や欲求を尊重せよという主体性論や個性主義がドッキングすれば、自己流思い込みの過保護になることは避けようがありません。

過保護とは、子どもの欲求を野放しにし、世話の過剰、指示の過剰、授与の過剰、受容の過剰が同時進行して、重なることです。

家の中で、「宝物」として大事にされ、煽てられ、褒められ、自らの欲求を受容されて育てば、当然、「自立」と「がまん」の訓練は欠如します。幼少期から、保護者が、自分の主張や願いを叶えようとしてくれれば、くれるほど、この世は「そんなもの」だと思うようになるでしょう。当然、人生も世間もなめてかかるのです。「子宝」が「腫れ物」になる世の不思議、と言いますが、

「不思議」ではなくて過保護の「自然」です。

養育の過程で、自分の言動が否定されるような対立や衝突や挫折を体験していなければ、人間関係の見方も甘くなります。ちやほやされ続ければ、「オレは特別なんだ」というプライドも高くなります。さらに、「自尊感情」とか「自己肯定」とか、学校教育まで、鍛錬を忘れて、子どもにへつらうような教育論を言うようになれば、家族に伝染するので余計始末が悪いのです。

「半人前」の子どもに必要なのは、むしろ「未熟の自覚」であり、「今の自分ではまだまだだ」、という自己否定の感覚です。

鍛錬の裏付けのないへなへなが、大事にされ続ければ、自分は「何様」であろうかとうぬぼれるのは当たり前でしょう。「プロ教師の会」の諏訪哲二が、現代っ子は「オレ様化している」と言い、臨床心理学者の速水敏彦が「他人を見下す若者たち」と言ったのは、成長期に欲求が過剰に受容された結果です。何でも思い通りになる、と思い込み、プライドと自尊意識だけが過剰に膨らんだ養育過程の副作用です。

問題の核心は、鍛錬の欠如であり、困難に耐えた経験がなく、結果として「耐性の低い」ことです。恐らくは、「集団体験」も「共同体験」も欠損しているのです。

新種の子どもは、決して偶発的に出てきたのではありません。個人主義の大義の下に「自己中」と「自子中」を増殖させた日本社会が、教育における鍛錬と共同の思想を投げ捨てた結果です。

しかも、学校が個体の違いを個性と勘違いし、法律上の「人権」概念を教育界に持ち込んで、子どもの欲求や意志を「人権」と等値化した結果です。「自尊」だとか「自己肯定」とか「子どもの権利」などと「子ども中心」の教育論に傾けば、もはや誰も、子どもの欲求に優先する「社会の必要」を説けません。子どもが「オレ様化」するのも、「他人を見下す」のも、止めようがないのです。

子どもが変わる原点は育て方、すなわち、しつけと教育にあります。アメリカの行動心理学者ジョン・ワトソンは、「条件付け」理論に基づき、「健康な1

ダースの乳児と、育てることのできる適切な環境さえ整えば、才能、好み、適正、先祖、民族など遺伝的といわれるものとは関係なしに、医者、芸術家から、どろぼう、乞食まで様々な人間に育て上げることができる」と豪語しました。もちろん、ワトソンの極論は多方面から非難を受けました。彼が唱えた「条件付け」理論もトーンダウンしましたが、赤子は教育次第で大いに変わり得ることだけは間違いありません。人間が相手だから実験はできませんが、ワトソンが唱えた基本原理は間違っていないのです。子どもは育てたように育つのです。

それゆえ、子どもが変わったのは、基本的に家庭と社会の育て方が変わったことが理由です。2人の教師の指摘は、変化が大勢をしめるまでに量的になったということです。「オレ様化」も、「他人を見下す」ことも、成長期に自分を中心に考える「自己中」や「自己愛」を過剰に教わった結果です。不登校やひきこもりは、過剰な「自己愛」が世間という「壁」にぶつかって、跳ね返され、現実から逃避した結果です。

子どもを「宝」とした文化は簡単には変わりません。それに加えて、自尊や自己肯定や子どもの権利だけを異常に強調すれば、少子化の時代、子ども自身が自己欲求だけを主張するモンスターと化すのです。それは教育公害と呼ぶべき現象です。

（＊）諏訪哲二著『オレ様化する子どもたち』中公新書　２００５年
（＊）速水敏彦著『他人を見下す若者たち』講談社現代新書　２００６年

32

「作られた態度」なら、「作り替える」ことができます

非行も、不登校も、ひきこもりも、あらゆる逸脱行動は子どもの資質ではありません！　養育の過程で作られた態度―行動特性です。長期間放置すれば、個人の「病い」に等しくなり、社会の「公害」となります。しかし、早い段階で、厳しく教育すれば、「作られた態度」は、「作り替える」ことができます。ただし、日本社会が、「教育」の強制は子どもの意志を無視した「人権侵害」であると言うのであればできません。誠に哀れですが、子どもも、保護者も、世間の冷たい眼にさら

されて、長い苦しい時期を過ごすことに耐えなければなりません。

非行はもちろん、引きこもりも、ニートも、あらゆる「逸脱行動」は、適切な教育と鍛錬が不足した結果です。病気だとされている新型うつ病は、教育訓練の欠損に伴う現実逃避です。百歩譲って病気だとしても、教育がつくりだした病気です。彼らは自らの、耐性の低さ、意志の弱さ、規範意識の脆弱さ、集団訓練の不足などが原因で、世間から逃避しているのです。中には甘やかされて自己愛が強過ぎるので、度が過ぎた人びとは、「自己愛性パーソナリティ障害」などと呼ばれています。

こうした子どもたちは自分の思うようにならない世間に背を向けて逃避し、自分を認めない世間に八つ当たりしているのです。休みの日がくると元気になるなどと言われていますが、誠に苦々しい限りです。繰り返し書いているように第1の責任は、訓練を怠った家族にあります。

参考書が叙述する彼らの特性は共通しており、その大部分は養育過程で「作られた態度」であり、「行動特性」です。「作られた行動特性」なら、条件さえ整えば、作り替えることができます。あらゆる逸脱行動は、幼少年期の養育・教育過程が生み出した問題です。それゆえ、家族や社会が、「教育上の強制」を納得・容認しさえすれば、教育で解決可能です。不登校やひきこもりが5年も10年も続いているなどということは、哀れを通り越してばかばかしい限りです。専門家を称する人びとの能力も疑われます。なぜ、家族を説得して、強制的に子どもを外へ引き出し、共同生活の訓練を課さないのか、一体この分野の専門家は何をやってきたのでしょうか?

もちろん、非行に限らず、不登校も、引きこもりも、本人の資質ではなく、病気や発達上の障害でもありません。明らかに、しつけと教育の失敗が生み出した問題です。この種の幼少年は、適切な鍛錬が不足した結果、社会的適応に失敗したのです。その後、失敗の修正をしないまま放置するから、病的な症状が長期化し、発達上の障害まで誘発しているのです。新型うつ病などは、へなへなの若者に医者が関わったがゆえに、教育問題が病気にされてしまいましたです（＊）。抗うつ剤など副作用の強いクスリを飲まされているのは誠に危険なことです。

彼らに対しては、耐性の低さ、意志の弱さ、規範意識の脆弱さ、集団訓練の不足などを補う教育プログラムを開発して、家族から引き離し、第３者が容赦のない訓練を施せば、間違いなく完治するはずです。「作られた態度」なら、「作り替える」ことができるのです。問題は、豊かさと安逸に慣れきった日本社会がそうした荒療治に耐えられるかということです。「教育」の強制は「人権侵害」であると言うのであればできません。誠に哀れですが、子どもも、保護者も、世間の冷たい眼にさらされて、長い苦しい時期を過ごすことに耐えなければなりません。

（＊）拙著『「心の危機」の処方箋』日本地域社会研究所　平成26年　―医学には、「新型うつ病」は、教育問題であるという視点はほとんどありません。他方、教育関係者には、自分たちが「新型うつ病」の原因を作り出しているという自覚がほとんどありません。

33

「守役」機能再考

家族に共同生活に備える訓練の能力がないのであれば、社会が肩代わりするしかありません。それが「守役」機能です。長い引きこもりの地獄から、当人も家族も救おうというのなら、強制してでも「共同生活訓練プログラム」を与えるべきです！　現状は、文科省や学校の怠慢としか言いようがありません。

苦しんでいる家族に言うのは辛いことですが、引きこもりの責任は家族にあります。当事者の家族には、子どもを一人前に鍛える子育て能力がなかったということです。それゆえ、子どもを家族の中に置いたままでは、不登校も引きこもりも解決は困難です。

日本の伝統を思い出して下さい。

忙しすぎる家族も、子どもの面倒を見切れない家族も、昔から第3者の「守役」に子どもの社会的鍛錬を託してきたのです。守役とは、家族には難しい耐性や共同生活の規範を、家族に代わって鍛える第3者を意味します。世間を生き抜いてきた人びとに預ければ、「親がそばにいなくても子は育つ」のです。時に、家族と子どもは密着し過ぎていて、鍛錬が難しいのです。

守役は第3者ですから、子どもとの間に距離を置いて鍛錬します。引きこもりの実態を学べば学ぶほど、「子どもを守り過ぎる家族」に子どもの鍛錬は難しいのです。過保護は、「宝」を守ることを第1義とする「子宝の風土」の落とし穴です。

子どもを「宝」とする風土では、親は子どもを守り、子どもに献身します。それゆえ、親は保護者と呼ばれてきました。保護者は神聖な存在ですから、日本では、誰も苦しんでいる家族を批判しません。民法でも「親権」を特別に重視しています。しかし、現在、家族の養育能力の実態は著しく衰弱しているのです。家族の形態も変質しました。

家族を批判するのは、筆者にも大いにためらいがありますが、子どもは家族を選べません。家庭教育の機能を持たない家族が発生している以上、教育学上、子どもの社会性の訓練は社会が補わなければならないのです。然るべき第3者に頼んで、強制してでも「共同生活訓練プログラム」を受けさせるべきです。

女性が就労して社会に出る以上、女性が担ってきた家庭の養育能力は、必然的に低下します。だから、現代の守役は学校です。保育所や学童保育も守役の機能を果たすべきです。これらの機関の役割は、幼少期の保育と教育を社会が肩代わりするということに他なりません。

特に、男女共同参画時代の保育所や学童保育は、教育機能を付加して、家族が有する養育機能を代替するのが当然の義務なのです。日本の政治は、行政の縦割りを温存し、養育には、保育機能と教育機能の両方が必要であるということを無視し続けてきました。厚労省管轄の保育が教育を顧みないのは、「守役」の意義を理解できないに留まらず、教育は文科省の仕事であるという縦割り行政の仕組みを言い訳にしているのです。

引きこもり問題の背景に、家庭教育の失敗があるとすれば、対応策は、社会が家庭教育支援のプログラムを作り出すことが不可欠です。わが子の社会性の教育に失敗した家庭は、失敗した部分の養育を第３者に任せるべきなのです。残念ながら、厚労省に教育発想がなく、文科省は不登校以外の問題についてはそっぽを向いています。それゆえ、既存の学校もそっぽを向いています。

現状では、厚労省と内閣府という二つの行政機関が引きこもり問題の担当をしていますが、教育問題には教育の「守役」を当てなければなりません。不登校や引きこもりの対応者は、家族の委託を受けた第３者として、共同生活の資質を育てる「共同生活訓練プログラム」を与えるべきなのです。この時、各種の教育施設を有し、多くの専門家を擁する文科省がそっぽを向いているということは、誠に理解に苦しむところです。

34

どこまで自己責任を問うのか？

教育上の自己責任の限界を決めることは難しいことです。「子どもの貧困」のように、社会が作り出しているひずみの問題は政治の責任です。

しかし、一般論として、少年の非行や犯罪の責任は、少年自身にも、保護者にもあります。少年法が徐々に罰則を厳しくしてきたのは、社会が彼らの非行や犯罪に耐えられなくなったからです。

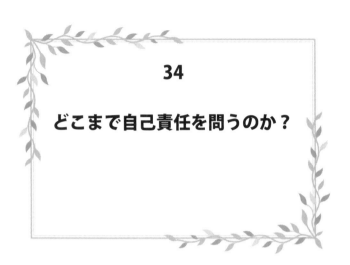

いい年をした引きこもりも、ニートも、新型うつ病などという病名の陰に隠れている連中もまことに気に入りません。将来は福祉に頼って働かないで暮らそうと考えているのであれば、さらに気に入りません。本人がどこまで堕ちようと勝手ですが、現行の仕組みでは、最後は福祉に甘え、他の人々の税金に頼って暮らすことになるのです。

「格差社会」は、明らかに政治の責任です。子どもの貧困も政治の責任です。保護者がまともに働いて、「子どもが貧困」などという社会は仕組みがおかしいのです。「非正規雇用」などというのは政治家の恥です。国は「格差」を作り出してまで、金持ちにならなくてもいいのです。つましくても仲良く助け合って生きられるような社会がいいのです。しかし、一般家族の中で、自立できない若者を作り出しているのは、基本的に、「保護者」です。少年非行も、少年犯罪も、原理的にこれらの保護者が作り出しています。そうした保護者は、社会生活を成り立たせる前提条件を、子どもに教えることに失敗しているのです。親が子どもの欲求を社会規範の上に置く子育てを始めれば、家族は「教育

「公害」を生む温床になります。ルールと礼節を弁えない子どもが社会に出れば、かならず、彼らの被害を被る人びとが多く出ます。子どもを加害者にしているのは家族です。

自立できない若者は、「勤労」と「がまん」を学んでいません。義務と責任、ルールと礼節も学んでいません。親が、社会の規範よりも子どもの満足を優先するからです。社会全体の規範意識が衰えてくると、社会の必要より、子どもの必要を優先する保護者が増えてきます。本書で「自子中」や「自己中」と呼んできたのはそういう人びとです。法律上、禁止することはできませんが、彼らは、本来、親になってはいけない人びとです。彼らは、自身の意図に関わらず、少年の非行や犯罪を作り出し、わが子を他者の人権を侵害する加害者にしてしまうからです。日本は「人権」を保障できる豊かな社会を実現しましたが、だからこそ、子どもに義務を教える前に権利を教えてはならないのです。他者貢献を教えるまえに人権を教えてはならないのです。

人権は、相互に義務を果たし、相互に他者の権利を認める「共同」の上にしか成り立たないものだからです。教育上の自己責任を規定することは困難ですが、少年の凶悪犯罪の結果責任は、少年自身はもちろん、保護者にも問う法律が必要ではないでしょうか？　公務員や企業責任者の「不作為」が、「背任」として法的責任を問われるように、保護者の「注意義務怠慢」・「監督不行き届き」も「不作為」の一種です。残念ながら、日本社会も教育の自己責任を考えなければならない時期にきていると思います。保護者の教育放棄や監督放棄が明らかな場合、彼らもまた、少年非行や犯罪が社会に与える被害の程度に応じて一定の法律上の責任を負うべきでしょう。

あとがき——立ちはだかる家族

子どもが真っ当に自立できない最大原因は、幼少年期の家庭生活にあります。非行、不登校、引きこもりなど子どもの問題を、学校や社会など外部環境の変化のせいにしている限り、多くの少年問題は永久に解決できないでしょう。

換言すれば、問題に直面している子どもを家族から引き離して、有無をいわさず第3者が訓練にあたれば、大抵の問題は解決できるということです。

もちろん、現状では、家族が立ちはだかりますから、子どもを家族から引き離すことはできません。「自己中」の上に「自子中」である家族は、子どもを「所有」しています。

「子宝の風土」においては、「家族」の聖域を犯すなという声も出るでしょう。民法の「親権」も第3者が教育を「請け負う」際の障碍になります。日本では、誰も家族を責めませんが、今や、家族は少年問題の最大の「抵抗勢力」なのです。

日本の家族の教育力が弱体化して、「虐待」や「引きこもり」が頻発しても、基本的に「子宝」の風土の文化発想は変わりません。家族は、子どもを抱え込み、私物化して、他者の介入を許しません。過保護・過干渉、しつけと教育の不十分が分かっていても、外からの忠告は「余計なお世話」だと言うでしょう。それゆえ、自らが子どもの自立の訓練をしくじったという自覚も薄く、責任を外部に転化する傾向も強いのです。学校や青少年教育を担当する人々の前に立ちはだかるのは、家族なのです。そのような家族が子どもの逸脱行動の解決ができるはずはありません。

色々参考書を読みましたが、誰も家族の責任を問題にせず、誰も家族のことは咎めません。各分野の専門家が、家族から憎まれたくない、という気持ちは分かります。しかし、事の本質を分析しないから、解決法も悠長なものしか出てこないのです。

メディアも子どもの深夜徘徊は映しても、「この子の親は何をしているのだ」とは言いません、家族の監督責任は問わないのです。テレビも、「子宝の風土」を敵に回したくはないのでしょう。しかし、年端もゆかない少年の深夜徘徊は、親が悪いに決まっているでしょう！

言うべきことを言い、書くべきことを書くのは、死期が近い晩学者の役目だと覚悟を決めて書きました。お怒りの際は、晩学者の遺言とお受け取りいただき、ご寛容にお許しいただければありがたいことです。

古人も同じことを感じていたのではないでしょうか。「可愛い子は、『旅に出せ』、『他人の飯を喰わせろ』、『若い時の苦労は買ってでもさせよ』」と「他律」の意義を強調してきたのです。政治家は、保護者の票を失うのが怖いでしょうが、問題がここまで深刻化した以上、覚悟を決めて制度改革に着手していただきたいものです。

日本社会も、共同生活と安全機能を保持する限界がきたと判断したら、被害者の立場に立って施策を講じるべきです。逸脱行動の子どもたちは、彼らの意志に関わらず、世間に出して、鍛錬すべきです。鍛錬には、今の学校とは違う学校を設立し、今の教員とは志の違う教員を集めて、共同生活の訓練をするのです。人間もまた、他の動物と同じように、「時が来て未熟のままに飛び出す。そして、「飛び出す事によって、飛べるようになる」（＊）」という浜田氏の指摘は正しいのですが、自然の森とは違って、人間の森には「受け皿」が必要になるでしょう！

（＊）浜田寿美男著『子どもが巣立つということ』ジャパンマシニスト社　２０１２年　p．２４４～２５５

著者紹介

三浦清一郎(みうら・せいいちろう)

米国西ヴァージニア大学助教授、国立社会教育研修所、文部省を経て福岡教育大学教授、この間フルブライト交換教授としてシラキューズ大学、北カロライナ州立大学客員教授。平成3年福原学園常務理事、九州女子大学・九州共立大学副学長。平成12年三浦清一郎事務所を設立。生涯学習・社会システム研究者として自治体・学校などの顧問を務めるかたわら月刊生涯学習通信「風の便り」編集長として教育・社会評論を展開している。大学を離れた後は、生涯教育現場の研究に集中し、近年の著書に、『市民の参画と地域活力の創造』(学文社)、『子育て支援の方法と少年教育の原点』(同)、『The Active Senior—これからの人生』(同)、『しつけの回復教えることの復権』(同)、『変わってしまった女 と変わりたくない男』(同)、『安楽余生やめますか、それとも人間止めますか』(同)、『自分のためのボランティア』(同)、『未来の必要—生涯教育立国論』(編著、同)、『熟年の自分史』(同)、『明日の学童保育』(日本地域社会研究所)、『心の危機の処方箋』(同)、『国際結婚の社会学』(同)、『教育小咄—笑って許して』(同)、『詩歌自分史のすすめ』(同)、『消滅自治体は都会の子が救う』(同)、『隠居文化と戦え』(同)、『戦う終活～短歌で啖呵～』(同)がある。中国・四国・九州地区生涯教育実践研究交流会実行委員。

子育《こそだ》て・孫育《まごそだ》ての忘《わす》れ物《もの》～必要《ひつよう》なのは「さじ加減《かげん》」です～

2017年1月17日　第1刷発行

著　者　三浦清一郎《みうらせいいちろう》

発行者　落合英秋
発行所　株式会社 日本地域社会研究所
〒167-0043 東京都杉並区上荻1-25-1
TEL (03)5397-2131(代表)
FAX (03)5397-1237
メールアドレス tps@n-chiken.com
ホームページ http://www.n-chiken.com
郵便振替口座 00150-1-41143
印刷所　中央精版印刷株式会社

ISBN978-4-89022-193-6

日本地域社会研究所の好評図書

明日の学童保育　放課後の子どもたちに「保教育」で夢と元気を！

三浦清一郎・大島まな共著…学童保育は、学校よりも日数は多いのに、「お守り」が主で、発達の支援はできていない。学校と地域の協働で、明日をひらこうと呼びかける指南書。

46判163頁／1543円

開運水引　誰でも簡単に学べ、上手にできる！

玉乃井陽光＝著・園部あゆ菜＝絵・園部三重子＝監修…水引は、包む・結ぶの古くからのしきたりや慶弔のおつきあいに欠かせないばかりでなく、癒やしや絆づくり、縁結び…にも役立っています。日本の伝統文化・造形美を追求し、楽しい水引・結道の世界に誘ってくれる手元に置きたい1冊。

A5判127頁／1700円

改訂新版　日本語―フィリピン語実用辞典

市川恭治編…現代フィリピンとの交流を深めるため、日常会話に必要な約9000の日本語をフィリピン語（タガログ語）に訳し、文法なども解説。日常生活・ビジネス・出張・旅行・学習に最適な1冊。

A5判245頁／3333円

まんだら経営　進化複雑系のビジネス工学

野澤宗二郎著…日々進化し、複雑化する世の中にあって、多様な情報やモノ・コトを集め、何でもありだが、本質を見抜き、何とかするのが、まんだら経営だ。不確実性に備える超ビジネス書！

46判234頁／1680円

ザ・東京の食ブランド　～名品名店が勢ぞろい～

広域中央線沿線楽会＝編・西武信用金庫＝協力…お土産・おもたせ選びはおまかせあれ！江戸の老舗からTOKYOの名品名店がそろい踏みした手元に置きたい1冊。

A5判164頁／1700円

王さまと竜

木村昭平＝絵と文…村はずれの貧しい小作農民の家。毎日、お城を見ていたカフカ少年は、ある日、お城に向かって出発します。枯れた森や住民のいなくなった村を過ぎて、城のある深い森に入っていくと……。

B5判上製30頁／1400円

日本地域社会研究所の好評図書

地域をひらく生涯学習 社会参加から創造へ
瀬沼克彰著…今日はちょっとコミュニティ活動を！みんなで学び高めあって、事業を起こし、地域を明るく元気にしよう。退職者・シニアも生きがいをもってより幸せに暮らすための方法をわかりやすく紹介！
46判303頁／2300円

或る風景画家の寄り道・旅路 人生ぶら〜り旅の絵物語
上田耕也＝絵・上田美恵子＝編…所沢・ニューヨーク・新宿・武蔵野・東京郊外…etc。ニューヨーク駐在中、新宿勤務中の昼休みや寄り道などで描いた思い出のスケッチ・風景画などを収録！
A5判161頁／3000円

ありんこ 人と人・地域と地域をつなぐ超くるま社会の創造
桑原利行著…3・11の経験から自動車文明を問い直す。多極分散・地域参加型の絆づくりプロジェクトがスタート。世界でいちばんカワイイくるま〝ありんこ〟が生命と環境を守り、やさしいくるま社会の創造を呼びかける提言書！
46判292頁／1905円

最新版 アンチエイジング検査
青木晃・上符正志著…不調とまでは言えないけど、何となく今までのようではない感じがする。こうしたプチ不調・プチ病が遺伝子・ホルモン・腸内細菌でわかる最新版アンチエイジング医療とその検査について理解を深めるための1冊。
46判167頁／1500円

人とかかわるコミュニケーション学習帳 やわらかな人間関係と創造活動のつくり方
松田道雄著／山岸久美子絵…全国に広がる対話創出型縁育て活動「だがしや楽校・自分みせ」を発案したユニークな社会教育学者が贈るつながり学習の強化書。ワークショップ事例のカード見本付き！
A5判157頁／1680円

現代文明の危機と克服 地域・地球的課題へのアプローチ
木村武史ほか著…深刻な地域・環境問題に対し、人間はいかなる方向へかじを取ればよいか。新たな文明の指針はどこに見出せるか。科学・思想哲学・宗教学・社会学など多彩な学問領域から結集した気鋭たちがサスティナビリティを鍵に難問に挑む。
A5判235頁／2200円